야구의 나라

야구의 나라

한국의 파워 엘리트들은
어떻게 야구를 국민 스포츠로 만들었나

1판 1쇄 발행   2024년 2월 29일
1판 2쇄 발행   2024년 6월 10일

지은이   이종성

펴낸이   이민선, 이해진
편집   홍성광
디자인   박은정
홍보   신단하
제작   호호히히주니 아빠
인쇄   신성토탈시스템

펴낸곳   틈새책방
등록   2016년 9월 29일 (제2023-000226호)
주소   10543 경기도 고양시 덕양구 으뜸로110, 힐스테이트 에코 덕은 오피스 102-1009
전화   02-6397-9452
팩스   02-6000-9452
홈페이지   www.teumsaebooks.com
인스타그램   @teumsaebooks
페이스북   www.facebook.com/teumsaebook
포스트   m.post.naver.com/teumsaebooks
유튜브   www.youtube.com/틈새책방
전자우편   teumsaebooks@gmail.com

ISBN   979-11-88949-62-5 93910

야구의 나라

한국의 파워 엘리트들은 어떻게 야구를 국민 스포츠로 만들었나

이종성 지음

틈새책방

한 국가나 지역에 사는 사람들이 특별하게 선호하는 스포츠가 있다. 인도네시아에서는 배드민턴이 인기다. 인도네시아를 최초로 세계에 알린 스포츠가 배드민턴이기 때문이다. 쿠바의 국기(國技)는 야구다. 쿠바가 스페인으로부터 독립을 쟁취하려고 할 때 쿠바의 독립지사들은 미국의 원조를 많이 받았고, 그 와중에 미국 문화의 상징이었던 야구를 사랑하기 시작했다. 적지 않은 쿠바의 독립운동가가 스페인의 압제를 피해 독립운동을 하려고 이웃 나라인 도미니카 공화국으로 망명하면서 이곳에서도 야구가 성행하게 됐다.

네덜란드는 다른 유럽 국가들처럼 축구의 인기가 높다. 하지만 네덜란드를 특별하게 만든 스포츠는 빙상이다. 네덜란드 사람들은 겨울철에 유하나 수로에 얼음이 일면 스케이트를 타는 게 일상적인 문화였다. 네덜란드 화가들이 남긴 17세기 풍속화에도 이런 장면이 자주 등장할 정도다. 네덜란드에서는 오래전부터 지역마다 스케이트 경주 대회가 열렸고 제2차 세계 대전 이후 아이스 링크가 건설되기 시작하면서 빙상 강국이 됐다.

지금 생각해 보면 나는 어떻게 특정 국가에서 좋아하는 스포츠가 정해졌는지에 관심이 많았다. 아무래도 지리와 역사를 좋아하는 내 성향이 스포츠에 그대로 반영된 것 같다. 그래서 전공도 스포츠 문화사로 택했다. 공부를 하면서 왜 일본에서 가장 인기 있는 스포츠가 야구가 됐으며, 미국에서 만들어진 아메리칸 풋볼은 어떻게 큰 인기를 얻게 됐는지 알게 됐다.

이때 난 궁금증이 생겼다. 분명 한국의 국기는 축구인데, 프로 스포츠로는 야구가 축구에 비해 훨씬 인기가 많은 현상은 도대체 어떻게 설명해야 할까? 자료를 뒤적이다 보니 수긍이 가는 대목이 있었다. 한국에서 축구는 늘 국가적으로 중요했다. 축구는 이미 일제 강점기에 '민족의 스포츠' 반열에 올랐다. 축구로 일제의 콧대를 자주 꺾었기 때문이다.

'스포츠 남북 대결'에 사활을 걸어야 했던 시기에 축구는 국가 프로젝트였다. 1966년 월드컵에서 북한이 8강에 올라서여서다. 축구 국가 대표팀에 대한 국민적인 관심이 생길 수밖에 없는 구조였다. 이렇게 다져진 축구에 대한 국민적인 성원은 2002년 한일 월드컵에서 폭발했다. 하지만 야구는 달랐다. 스포츠로 국위 선양을 해야 했던 1960~1970년대에 야구는 올림픽과 아시안 게임 종목이 아니었다. 물론 야구 국제 대회가 있기는 했지만 야구 대표팀에 대한 국민적 관심은 낮았던 이유다.

도시를 연고로 하는 팀이 주축이 되는 프로 스포츠의 팬덤은 애국심이 아닌 지역 정체성과 밀접한 관련이 있다. 그런 점에서 프로 축구는 아직 프로 야구에 상대가 되지 않는다. 대부분의 자료에서는 프로 야구가 프로 축구에 비해 인기가 높았던 이유를 1970년대 고교 야구의 인기에서 찾고 있었다. 전국의 고등학교가 야구 대회에서 각축을 벌였고, 이를 계기로 야구와 지역 팬덤의 결합이 쉽게 이뤄졌기 때문에 프로 야구의 인기가 높았다는 것이었다.

이후 한국에서 왜 야구가 인기가 있었는지에 대한 내 호기심은 오랫동안 '휴화산'이 됐다. 그러던 어느 날 우연히 1970년대 고교별 명문대 입학자 배출 숫자와 관련된 신문 기사를 보게 됐다. 희한하게도 상위권에 올라 있는 고등학교는 대부분 야구부로 유명한 학교들이었다. 그중에는 지역 명문고들이 많았다. 명문고의 야구 열기가 고교 야구의 인기를 이끌었고, 명문고를 졸업한 엘리트들의 야구에 대해 관심과 후원이 컸을 것이라는 추론도 이때 싹텄다. 야구가 어떻게 대중적인 인기를 얻게 됐는지에 대한 가설도 머릿속에 세워지기 시작했다. 이런 주제로 뭔가 연구를 해 보고 싶다는 생각도 늘었고, 《야구의 나라》를 쓰게 된 계기가 됐다.

실제로 한국에서 야구의 인기가 높았던 배경에는 각 분야에서 한국 사회를 이끌고 있던 엘리트 명문고의 동문들이 있었다. 명문고를 중심으로 한 대학 입시 경쟁이 치열하게 펼쳐졌던 시기에 고교 야구는 명문고가 펼쳐야 할 또 하나의 경쟁 무대였던 셈이다.

하지만 '왜 한국 명문고는 야구를 교기(校技)로 택하게 됐을까?'라는 물음에는 오랫동안 그럴듯한 해답을 찾지 못했다. 그래서 일제 강점기 조선 야구를 조금씩 파기 시작했다. 고교 야구가 명문고의 스포츠가 되기까지는 분명히 이런 특징이 생겨나게 된 역사적 배경이 있었을 거라는 막연한 기대감 때문이었다. 아니나 다를까. 야구가 명문고의 엘리트 스포츠가 된 것은 일제 강점기를 빼놓고 설명할 수 없었다. 조선인이나 해외 선교사가 세운 사립 학교는 물론이고, 일본인이 운영하는 고등보통학교와 상업학교에서 야구는 중요한 위치를 차지하고 있었다.

이런 일제 강점기 학원 야구의 특징은 광복 이후에도 계속됐고 새롭게 명문고가 되려는 학교들도 야구를 교기로 택하는 '도미노 현상'으로 이어졌다. 이 과정을 통해 명문고 출신의 한국 파워 엘리트들은 야구를 열렬히 사랑하게 됐다. 이후 정치, 미디어, 기업, 금융, 문화 분야 엘리트들과 정부 고위 관리들의 전폭적인 지원 아래 한국 야구 발전과 대중화를 위한 비옥한

토양이 만들어졌다. 이렇게 한국 사회에서는 다른 어떤 스포츠도 넘볼 수 없는 엘리트들의 '야구 동맹'이 굳어졌다.

한국 야구가 지금과 같은 지위에 오른 데에는 '한미일 야구 동맹 체제'도 무시할 수 없다. 한국 근현대사에 가장 큰 영향을 미친 두 국가인 일본과 미국은 야구에 죽고 사는 나라였다. 이 같은 야구의 지정학은 한국 야구가 성장하는 데 필요했던 연료를 제공했다.

일제 강점기 조선 야구의 원류를 만들었던 일본 유학파들이나 한국에서 활약했던 수많은 재일 교포 선수들의 활약은 한국 야구 역사의 변곡점마다 중요하게 작용했다. 한국 최초로 민간 기업이 후원한 야구 팀도 재일 교포의 손에서 탄생했다.

미국의 영향도 컸다. '일본 스포츠'라는 한계 때문에 일제 강점기 때 축구에 비해 조선인들의 관심을 받지 못했던 야구는 미군정 시기에 다시 태어날 수 있었다. 1970년대 어느 재미 교포 사업가는 한국 프로 야구 창립의 선구자 역할을 했으며, 미국 유학을 계기로 야구 애호가가 된 정부 고위 관리와 기업 오너 들도 1982년 프로 야구 출범 프로젝트에 앞장섰다.

일제 강점기 야구부터 프로 야구 시대까지 한국 야구를 조명하는 과정에서 여러 사람들의 도움을 많이 받았다. 야구인은 물론 전·현직 언론 관계자와 야구 명문교 출신 동문 들의 도움이 특히 컸다. 이들의 도움이 없었다면 내가 어렴풋이 생각했던 한국 파워 엘리트와 야구의 관계를 구체화시키지는 못했을 것 같다. 그분들께 머리 숙여 감사 인사를 전해 드리고 싶다.

　지금은 모두 스포츠와 관련 없는 일을 하고 있지만 내가 글을 쓰면서 막히는 부분이 있을 때마다 조언을 아끼지 않았던 고교 동창생들도 참 고마웠다. 학창 시절 야구에 열광했던 친구들 덕분에 야구에 대한 나의 기억을 제대로 복원할 수 있었다. 아울러 내가 《야구의 나라》를 준비하면서 방향성을 잃고 헤맬 때마다 나침반 역할을 해 줬던 두 분의 편집자인 이민선 대표님과 홍성광 편집장님께도 감사드린다.

　《야구의 나라》의 핵심 소재는 한국 야구다. 하지만 나는 그 이상으로 한국 사회에 대한 얘기를 더 담아 내고 싶었다. '왜 한국이 야구의 나라가 됐는지'를 추적하기 위해서는 야구 자체보다 학벌, 경제, 정치와 미디어 권력이 야구를 어떻게 바라봤는지가 중요하다는 판단에서였다. 《야구의 나라》는 분명 과거의 이야기다. 하지만 여전히 한국 야구의 오늘을 지배하고 있는 현재의 이야기이기도 하다. 한국 사회와 야구의 관계를 살펴보고 싶은 독자들이 만들어 갈 '미래의 이야기'에 이 책이 조금이나마 도움이 됐으면 한다.

이종성

차례

PART III.
한국 야구의 부스터: 재일 교포 선수와 은행 야구단

PART IV.
고교 야구 황금 시대

PART V.
프로 야구의 원형을 제시한 해외 교포

PART VI.
프로 야구 시대

PART I

조선 야구 엘리트의 탄생

1

일제 강점기 야구 독해법:
'귀족 스포츠' 또는 '일본 스포츠'

일제 강점기 조선의 야구가 대중적으로 확산되기는 불가능했다. 경제적 제약이 조선 야구의 확산을 가로막는 주요인이었다. 야구는 배트, 글러브 등 용품이 많이 필요한 스포츠였기 때문이었다. 식민지 조선의 궁핍한 경제 사정을 고려하면 야구는 금수저 '모던 보이'가 아니면 즐기기 힘든 '귀족 스포츠'였다. 1924년 〈동아일보〉도 조선에서 비용이 많이 드는 야구의 대중화는 어렵다는 점을 지적했다. 이 신문은 야구에 대해 "이 나라(조선)에 보편적으로 적용하기에는 비싼 스포츠로 보인다."라고 했다.[1] 야구는 고등보통학교나 상업학교에 다녔던 소

---

1   동아일보, 1924. 11. 5.

수의 조선 학생들 사이에서 성행했다. 자연스럽게 야구는 상류층 엘리트 학생들의 문화가 될 수밖에 없었다.

그나마 조선인이 세운 학교가 야구부를 운영하는 것도 쉬운 일은 아니었다. 재정이 풍족한 학교가 아니면 야구를 제대로 할 수 없었다. 오산학교 야구부의 사례는 이 시기 조선 학교가 야구 팀을 운영하는 데 얼마나 어려운 점이 많았는지 여실히 보여 준다.

오산학교는 1907년 애국계몽운동 단체 신민회의 노선에 따라 남강 이승훈이 평안북도 정주에서 설립한 학교다. 민족의식이 그 어느 학교보다 강했던 오산학교는 인근에 위치한 일본 학교를 야구로 제압하기 위해 1921년 야심 차게 야구부를 창설했다. 하지만 오산학교 선수들은 야구용품을 제대로 갖출 수 없었다. 이들은 유니폼도 없이 한복 바지를 입고 경기에 나서야 했으며, 버선을 수선해 글러브로 써야 했다. 이는 오산학교와 친선 경기를 했던 일본인 학교 평양중학과는 너무나 큰 격차였다. 평양중학 선수들은 유니폼은 물론 모든 야구 장비를 갖추고 있었을 뿐더러 넓은 운동장에서 야구 훈련에 매진할 수 있었다.[2] 한두 차례는 정신력을 바탕으로 오산학교가 평양중학을 이길 수 있었을지 몰라도, 길게 보면 평양중학을 넘

---

2   오산학원(2007), 오산백년사, 서울: 오산학원, 354-355.

1921년 11월 전조선야구대회에서 격돌한
오산학교와 휘문고보.
ⓒ동아일보

어서기에는 역부족이었다. 결국 오산학교는 1920년대 중반부터 야구 대회에 모습을 드러내지 못했고, 야구부도 해체했다.

적지 않은 조선 학교 야구부의 운명도 오산학교와 비슷했다. 이런 이유로 조선체육회가 1920년부터 개최했던 전조선야구대회 참가 팀 숫자는 해가 갈수록 점점 줄어들었다. 전조선야구대회 중등부 참가 팀은 1922년 8개교로 많은 편이었지만, 이후에는 조선 학교가 경제적인 문제로 야구부 운영을 포기하면서 3~4개 학교만 참가했다.[3]

그렇다면 이 시기 조선의 젊은이들은 주로 어떤 스포츠를 즐겼을까. 조선 청년들이 가장 손쉽게 즐길 수 있는 종목은 공 하나만 있으면 할 수 있었던 축구였다. 비용이 크게 들지 않았던 축구는 지방이나 농촌에도 널리 보급되어 있었다. 심지어 짚신을 신고 지역 축구 대회에 참가하는 농민 팀도 있었을 정도였다. 축구는 이런 측면에서 소수의 엘리트 학생들이 학교에서 즐길 수 있었던 야구와는 달랐다. 1933년 조선의 축구 팀이 200여 개가 넘었다는 당시 보도가 있을 정도로 축구는 조선의 대중적 스포츠로 발전했다.[4]

조선에서는 야구가 아니라 축구를 해야 한다는 주장은 이미 조선체육회가 설립됐던 1920년부터 힘을 얻고 있었다. 야구

---

3   대한체육회(1965), **대한체육회사(史)**, 서울: 대한체육회, 111.

4   조선일보, 1933. 12. 13.

는 용품을 구입하려면 비용이 너무 많이 드는 반면, 축구는 공 하나 사는 데 1원 정도였다. 1920년대 구두 한 켤레 가격이 3원 정도였다는 점을 감안하면, 축구공 가격은 그리 비싼 편은 아니었다. 더욱이 축구공 한 개를 사면 대략 1년은 거뜬히 쓸 수 있었다.

축구가 가진 또 다른 장점도 있었다. 축구는 다수의 인원이 동시에 즐길 수 있는 스포츠였다.[5] 축구는 11명이 하는 스포츠이지만 정식 경기가 아닐 때는 20~30명이 같이 하는 경우가 많았다. 일제 강점기 축구는 그런 면에서 한국 남자들이 군대 시절에 경험했던 '전투 축구'와 유사했다.

황성 YMCA 야구단에서 야구를 했던 독립운동가 여운형도 조선 청년에게는 축구가 어울린다고 설파했다. 그는 "야구는 돈이 없어서 그놈들한테 안 되겠지만 축구야 축구화하고 유니폼만 있으면 되니까 일본 놈을 이기는 것은 돈 안 드는 축구밖에 없다."라고 했다.[6]

돈이 많이 드는 '귀족 스포츠'였던 야구에서 조선 팀은 일본 팀을 제압하기 어려웠다. 경제적 여건 차이도 있었지만 일본이 메이지 시대(1868~1912) 이후 갈고닦아 왔던 야구 실력을 조선이 하루아침에 따라잡기는 너무 어려운 일이었다.

---

5   개벽, 1920년 11월호: 104-107.
6   월간중앙, 1990년 11월호: 472-479

메이지 시대 일본은 근대 교육의 기초를 닦았는데, 영어 교육의 중요성이 특히 강조됐다. 새로운 기술을 터득하고 지식을 얻기 위해서는 영어가 필수였기 때문이다. 이런 이유로 일본의 명문교에서 미국인 영어 교사가 점점 늘어났다. 미국인 영어 교사가 가르친 건 영어만이 아니었다. 이들은 미국 문화의 전도사였다. 이 와중에 야구가 일본에 전파됐다. 일본 야구의 아버지로 불리는 미국인 영어 교사였던 호레이스 윌슨 (1843~1927)은 1873년 가이세이(開成)학교(도쿄대학교의 전신)에서 학생들에게 야구를 소개했다. 가이세이 학교를 따라 일본 학교들은 야구를 교기로 삼기 시작했으며, 다이쇼 시대 (1912~1926)에 이르러서는 야구가 최고 인기 스포츠 반열에 올랐다.

당연히 조선으로 건너온 일본인들에게도 야구는 중요했다. 그래서 이들은 조선에서 야구 팀을 만들고 운영하는 데 지원을 아끼지 않았다. 자연스레 조선 야구계도 일본인들이 좌지우지했다. 이 때문에 소수의 조선 팀들이 매우 드물게 야구 경기에서 일본 팀을 제압한 적은 있었지만 대체로 일본이 조선을 압도했다.

일제 강점기 조선의 스포츠가 민중의 관심을 받기 위해서 제일 필요한 것이 '극일(克日)'이었다는 점을 고려하면, 야구는 식민지 조선에 적합하지 않았다. 조선 민중들은 야구 경기에 별 관심을 보이지 않았다. 일본 팀이 결국에는 승리하는 야구 경기를 굳이 돈을 내고 지켜봐야 할 필요도 없었다. 자연스레 야구는 조선인들에게 '일본의 스포츠'로 치부됐고, 사회적 반향을 불러일으키지 못했다.

그 빈자리를 채운 것은 조선이 일본을 압도했던 축구였다. 이는 축구가 이 시기에 민족의 스포츠로 자리 잡게 된 배경이었다. 일본중등학교축구선수권대회 조선 예선을 통과해 본선에 진출했던 6개 팀은 모두 전원 조선인 선수로 구성된 팀이었다. 이 가운데 숭실중학과 보성중학은 각각 1928년과 1941년 대회에서 우승을 차지했다.[7] 이 뿐만이 아니었다. 조선의 중학 축구 팀이 일본 대학 최강 팀을 제압했던 적도 있었다. 1929년 휘문고보 운동장에서 펼쳐진 경신중학과 일본 와세다대학교의 경기에서 경신중학은 4-3의 짜릿한 역전승을 거둬 조선인 관중들을 열광시켰다.[8] 일본이 1936년 베를린 올림픽을 앞두고 축구 대표팀 선발을 하기 위해 개최한 대회에서도 사실상 조선 대표팀이었던 경성구락부가 참가해 우승을 거두기도 했다. 이런 과정을 거쳐 축구는 조선의 자존심을 세울 수 있는 민족의 스포츠가 됐다. 반면 야구는 일본이 주도하는 일본의 스포츠라는 이미지가 굳어졌다.

하지만 일제 강점기 야구가 '귀족 스포츠' 또는 '일본 스포

---

7   대한축구협회(1986), 한국축구백년사, 서울: 라사라, 559-560.
8   동아일보 1929. 9. 6.

츠'라는 한계는 아이러니하게도 향후 한국 야구 발전에 도움이 됐다. 소수의 조선인들만 즐길 수 있어 '귀족 스포츠'라는 평가를 받던 야구는 오히려 엘리트 명문교의 스포츠로 발전해 주류 사회의 호응을 얻게 됐다. 한편 '일본 스포츠'를 즐긴다는 멍에를 썼던 야구인들은 광복 이후 이를 최대한 빨리 떨쳐내기 위해 적극적으로 대회 개최와 팀 창단에 힘썼다. 일제강점기 일본에 절대 열세를 면치 못했던 한국 야구의 일본을 넘어서기 위한 도전도 여기에서 출발할 수 있었다.

2

고시엔 대회와
조선 엘리트 동화 정책

일제 강점기 야구가 조선에서 '일본 스포츠'로 각인된 데에는 고시엔 대회(당시 일본 전국중등학교우승야구대회) 조선 예선전의 역할이 컸다. 1921년부터 1940년까지 치러진 고시엔 대회 조선 예선전 우승 팀은 1923년 휘문고보의 경우를 제외하면 모두 일본에 의해 설립된 학교였다. 다만 일본 학교 야구부 가운데 조선인이 포함돼 있는 팀이 대회 우승을 차지한 경우는 6회였다. 하지만 이런 팀도 감독과 주축 선수들은 모두 일본인이었다. 전원 일본인 선수로 구성된 팀이 대회 우승을 차지한 경우는 20차례 펼쳐진 조선 예선전 가운데 무려 13차례나 됐다. 그래서 조선 사람들은 일본의 야구 잔치였던 고시엔 대회 조선 예선전에 무관심했다.

일본 입장에서 고시엔 대회 조선 예선전은 중요했다. 일본

연도	우승팀	일본인 | 조선인 | 혼합
1921	부산상업	일본인
1922	경성중	일본인
1923	**휘문고보**	**조선인**
1924	경성중	일본인
1925	부산중	일본인
1926	경성중	일본인
1927	경성중	일본인
1928	경성중	일본인
1929	평양중	일본인
1930	대구상업	혼합
1931	경성상업	일본인
1932	평양중	혼합
1933	선린상업	혼합
1934	경성상업	일본인
1935	신의주상업	혼합
1936	인천상업	혼합
1937	용산중	일본인
1938	인천상업	일본인
1939	인천상업	혼합
1940	평양1중	일본인

일제 강점기 고시엔 야구 대회 조선 예선 우승 팀과 구성원 분류.
© 歷代 春夏甲子園メンバー表100年大全集

은 이 야구 대회를 통해 조선의 엘리트들이 일본에 동화되기를 원했기 때문이다. 19세기 대영제국이 축구, 크리켓, 럭비 등 근대 스포츠를 활용해 식민지 엘리트들을 영국에 우호적인 인물로 육성하려고 했던 것과 비슷했다. 대영제국이 식민지 엘리트를 대상으로 추진했던 스포츠 전파에는 이런 목적이 강했다. 스포츠를 즐기며 영국을 동경하게 된 식민지 엘리트들이 영국에 저항하는 대중들을 잘 다독여 준다면 대영제국의 식민 통치도 한결 안정될 것이라는 믿음이 있었기 때문이었다.

일본도 고시엔 대회에 참가하는 조선의 엘리트들이 이런 역할을 해 줬으면 하는 바람이 컸다. 조선뿐만 아니라 일본이 지배하고 있는 식민지에서 고시엔 대회 예선전이 펼쳐졌던 배경이었다. 일본은 이 대회를 통해 식민지 엘리트를 일본 제국의 충성스러운 엘리트로 키워 내려고 했다.

일본의 이런 계획은 조선에서부터 시작됐다. 1915년 고시엔 대회를 창설했던 〈오사카 아사히 신문〉은 1년 뒤인 1916년 조선 예선전 개최 준비에 박차를 가하고 있었다. 하지만 1916년에 〈오사카 아사히 신문〉이 대회 예선전을 계획한 것은 일본의 동화 정책에서 비롯됐다기보다는 상업적인 이유가 더 컸다. 〈오사카 아사히 신문〉 입장에서 동화 정책은 유용한 명분에 불과했다. 당시 이 신문은 조선에서 월 1회만 발행했던 것을 월 3회 발행으로 바꿔 사세 확장을 기획했었다.[9] 〈오사카 아사히 신문〉은 당시 일본에서 발행 부수 1등이었던 〈오사카 마이니치 신문〉[10]을 따라잡기 위해 1915년 고시엔 야구 대회를 개최했다. 〈오사카 아사히 신문〉은 이 야구 대회 개최를 통해 직접적인 이익을 얻기는 힘들다 해도 야구 대회가 신문 광고와 독자 수 증대에 큰 도움이 될 것으로 기대했다. 〈오사카 아사히 신문〉과 〈오사카 마이니치 신문〉 간의 경쟁이 일본에서만 있었던 것은 아니었다. 조선에서도 두 신문의 경쟁은 치열하게 전개됐다. 1등 신문이 되고 싶어 했던 〈오사카 아사히 신문〉이 고시엔 대회 조선 예선전을 추진했던 이유였다.

〈오사카 아사히 신문〉은 1916년 사고(社告)를 통해 고시엔 대회 조선 예선전 개최를 공식화했다. 이 광고를 보고 예선전 참가를 신청한 팀은 5개 팀이었다. 경성중학, 인천상업, 경신학교, 오성중학, 중앙기독교청년회 중등부였다. 경성중학과 인천상업이 일본 팀이었다면 경신학교, 오성중학과 중앙기독교청년회 중등부는 조선 팀이었다. 하지만 〈오사카 아사히 신문〉은 그해에 조선 예선전을 치를 수 없었다. 조선의 교육 행

---

9   小野容照(2017), 帝國日本と朝鮮野球, 東京: 中央公論新社, 141.

10   1924년 〈오사카 마이니치 신문〉은 〈오사카 아사히 신문〉의 고시엔 효과를 벤치마킹해 선발중등학교야구대회를 개최했다. 이 대회는 지역 예선 없이 우수 중학교 팀을 선발하는 방식으로 출전 팀을 뽑았다. 봄 방학 시기에 개최되는 이 대회의 별칭은 '센바츠(選拔)' 또는 '봄의 고시엔'이다.

정을 총괄했던 총독부 학무국이 대회 개최를 반대했기 때문이었다. 총독부 학무국은 "조선은 과도 시대이기 때문에 학생의 야구 경기 참가는 부적당하다."라며 조선 예선전 개최를 승인하지 않았다.[11]

1916년은 이른바 무력을 앞세운 일제의 무단 통치 방식이 조선을 지배하고 있던 시기였다. 헌병 경찰 제도를 창설해 조선인을 억압했던 데라우치 마사타케(寺内正毅, 1852~1919) 총독 입장에선 조선인과 일본인이 승패를 다투는 야구 대회 개최는 중요하지 않았다. 당시 그에게 중요했던 건 조선의 독립운동 의지를 무력으로 제압하는 일이었다. 야구를 활용한 조선인의 황국 신민화도 그의 관심사가 아니었다. 〈오사카 아사히 신문〉의 평가도 이와 일치했다. "총독부 입장에서 야구를 통한 내선융화는 시기상조로 판단했던 것 같았다."라는 게 〈오사카 아사히 신문〉의 분석이었다.[12]

〈오사카 아사히 신문〉의 계획은 1921년에서야 실현됐다. 여기에는 1919년 3·1운동 이후 달라진 조선 총독부의 통치 방식이 영향을 미쳤다. 거국적인 민족 운동이었던 3·1운동 이후 일제는 국제 여론과 무단 통치에 대한 조선 민중의 거센 반발

---

11   朝日新聞社(2019), **白球の世紀: 高校野球100回秘史**, 東京: 朝日新聞出版, 126.

12   앞의 책, 127.

을 의식해 비록 제한적인 개혁 조치였지만 언론·출판·집회·결사의 자유를 보장하는 문화 통치로 전환했다. 이 시기에 일제는 교육, 문화, 스포츠 등을 통한 식민지 융화 정책을 모색했다. 이 같은 변화 속에서 고시엔 야구 대회 조선 예선전도 총독부 학무국의 승인을 받게 됐다. 하지만 1921년 제1회 고시엔 야구 대회 조선 예선전은 일본인이 설립한 학교들의 잔치였다. 예선전에 참가한 경성중학, 인천상업, 용산중학, 부산상업[13]은 모두 일본 학교였다. 예선전에서 우승을 차지했던 부산상업은 조선 지역 팀으로는 최초로 대회 본선에 출전해 8강에 진출했다.[14]

이후 해를 거듭하면서 고시엔 대회 조선 예선전에는 조선 학교와 조선인 선수가 포함된 일본 학교가 등장하기 시작했다. 조선 예선전 사상 가장 많은 38개교가 참가했던 1936년에는 전원 조선인 선수로 구성된 13개 팀이 예선전에 출전했다.

조선 총독부는 많은 조선인 학생들의 대회 참가에 고무됐다. 조선 총독부는 고시엔 대회에 참가한 조선 엘리트 학생들이 많아질수록 야구를 통한 내선융화의 가능성이 높아진다는 확신을 가졌기 때문이었다. 고시엔 대회 참여 자체가 조선 엘

---

13   당시 대회 본선에 진출한 부산상업학교는 1906년 일본 거류민단이 세운 학교로 1923년 부산제일상업학교로 명칭이 바뀌었으며, 이후 1953년 경남상업고등학교로 교명을 변경했고, 2004년에는 인문계 고등학교인 부경고등학교가 됐다.
14   夏の甲子園 全試合記録Book(2019), 東京:ダイヤモンド, 31.

리트들이 제국 체제에 순응하는 것으로 판단했던 셈이다. 조선 총독부 학무부장 도미나가 마나부(富永学)는 많은 조선인 선수들이 참가했던 1936년 고시엔 대회 조선 예선에서 조선인과 일본인의 혼합 팀인 인천상업이 우승을 차지하자, "히노마루(일장기) 아래에서의 경쟁은 국민정신을 진흥하고 사상을 선도하는 데에도 절대적 효과를 낼 것이다."라고 말했을 정도였다.[15]

고시엔 대회 참가를 계기로 조선 엘리트들이 일본이 이룩한 근대 문화를 동경하게 된 점은 부인하기 힘들다. 훗날 일장기 말소 사건[16]을 주동해 유명해진 〈동아일보〉의 스포츠 기자 이길용도 1931년 일본에서 펼쳐진 고시엔 대회 본선 경기를 취재하면서 처음 보게 된 고시엔 야구장의 규모에 압도됐다.[17] 더욱이 이들은 야구를 하면서 일반 조선인들과 다르다는 우월적 계급 의식도 갖게 됐을 것이다. 당시 학생 야구 선수들은 값비싼 용품에 멋진 유니폼을 차려입고 경기를 치러 부러움의

---

15 가와니시 레이코 지음/양두원 번역(2017), **플레이볼! 조선·타이완·만주에서 꽃핀 야구 소년들의 꿈**, 서울: 워크룸 프레스, 166-167.

16 일장기 말소 사건은 1936년 베를린 올림픽 마라톤 경기에서 손기정이 금메달을 딴 뒤 〈동아일보〉와 〈조선중앙일보〉가 기사 사진에 손기정의 유니폼에 새겨져 있던 일장기를 없애 버린 사건이다. 이 사건의 여파로 〈동아일보〉는 조선 총독부에 의해 무기한 정간 조치를 당했고, 〈조선중앙일보〉는 자진 휴간했다. 〈동아일보〉는 정간 조치가 해제되어 1937년에 속간됐지만, 〈조선중앙일보〉는 경영 악화로 폐간됐다.

17 **동아일보**, 1931. 8. 29.

대상이었고, 뭇 여성들의 시선도 사로잡았다. 무엇보다 당시 조선에서 학생 야구 선수는 매우 드물었다. 이들은 소학교도 다니지 못한 조선인들이 대부분인 시대에 선택받은 '야구 귀족'이라고 해도 과언이 아니었다.

그렇다면 고시엔 대회 조선 예선전은 일본이 원했던 내선융화 정책에 정말 도움이 됐을까? 이 대회는 조선 엘리트 학생들의 내선융화에 영향을 미쳤다. 하지만 대다수 조선 사람들에게는 그렇지 않았다. 오히려 그 반대였다. 이들에게는 일본의 콧대를 꺾을 수 있는 조선 팀의 승리가 무엇보다 중요했다. 이같은 '야구 민족주의'는 조선인이 고시엔 대회 예선전에 관심을 갖게 된 원동력이었다.

고시엔 대회 조선 예선전에서 휘문고보와 배재고보와 같이 전원 조선인 선수로 구성된 팀이 일본 팀과 경기를 할 때면 조선 관중들이 많이 모였다. 일본 팀과 맞붙는 조선인 선수나 이 경기에서 승리를 고대하는 조선 민중들은 모두 한마음이었다. 고시엔 대회 조선 예선전 역사상 가장 많은 관중이 모였던 때도 배재고보와 경성중학의 경기가 펼쳐졌던 1931년 7월 28일이었다. 평소에는 야구장에 가지 않던 조선인들도 이와 같은 '야구 한일전'에는 경기장을 찾았다. 실제로 한복을 입은 조선인 관중이 대거 몰렸던 이날 야구장 관중 수는 1만 2,334명이나 됐다.[18] 이처럼 조선에서 펼쳐진 고시엔 대회 예선전에는 민족의식이 표출되는 때가 꽤 있었다.

이 점은 타이완에서 펼쳐진 고시엔 대회 예선전과는 다른 부분이었다. 야구부가 있는 타이완 학교는 대부분 일본인이 다녔던 학교였다. 타이완 학생과 일본 학생이 같이 다녔던 학교 중에 야구부가 있는 학교는 많지 않았다. 타이완인이 설립한 학교에서 야구를 하는 경우는 극히 드물었다. 이런 이유로 고시엔 대회에 참가한 타이완 학교 가운데 전원 타이완 선수로 구성된 팀은 단 한 팀도 없었다. 이 때문에 타이완에서 펼쳐진 고시엔 대회 예선전에는 조선에서처럼 선명한 민족 대결 구도가 형성될 수 없었다.

타이완의 야구 명문교 자이농린쉬에샤오(嘉義農林學校)[19]가 1931년 고시엔 대회 본선에서 준우승을 차지했을 때도 그랬다. 물론 자이농린의 준우승은 타이완 사람들의 자긍심을 북돋워 주는 사건이었다. 하지만 자이농린은 일본인 선수가 포함된 혼합 민족 팀이었으며 감독도 일본인이었다. 이 때문에 자이농린의 준우승에 더 기뻐한 쪽은 일본이었다. 일본은 자이농린의 성과를 식민지 동화 정책의 대표적 성공 사례로 칭

---

18   白球の世紀, 140.
19   당시 이 학교의 일본어 명칭은 가기노린기고(嘉義農林学校)였다.

송했다.[20] 심지어 일본인들은 자이농린의 쾌거를 보면서 일본이 야구를 통해 식민지 타이완을 개화시켰다고 여겼다. 자이농린을 지도했던 일본인 곤도 효타로(近藤兵太郎, 1888~1966) 감독 때문이었다. 그는 일본의 야구 스타일을 자이농린에 이식시켰다. 그는 철저한 규율과 스파르타식 훈련을 강조하는 일본 무사도(武士道) 야구의 표본이었다. 선수들은 매일 해가 질 때까지 혹독한 훈련을 해야 했다. 2킬로미터 달리기와 300회의 스윙 연습을 하루도 거르지 않았다.[21]

20   A. Morris(2006). 'Taiwan: Baseball, Colonialism and Nationalism', in G. Gmelch (ed.), *Baseball Without Borders: The International Pastime*, Lincoln: University of Nebraska Press, 65–88.

21   J. Yu(2007). *Playing InIsolation: A History of Baseball in Taiwan*, Lincoln: University of Nebraska Press, 19.

3

조선 엘리트의 요람 공립고등보통학교에 야구를 이식한 일본

일제가 운영했던 공립고등보통학교(공립고보)는 조선 학생들을 일본 제국의 엘리트로 키우기 위한 곳이었다. 공립고보는 조선 인이나 미국 선교사 들이 민족의식과 근대 교육 확산을 위해 설 립했던 사립고등보통학교(사립고보)와는 설립 목적이 달랐다.

조선의 엘리트 학생은 주로 공립고등보통학교에서 야구를 접했다. 사립고보 중에는 야구부를 운영하는 곳은 소수에 지 나지 않았기 때문이다. 조선의 공립고보는 원래 경성고보(현 경기고), 평양고보, 대구고보(현 경북고)등 3곳만 존재했지만, 1925년에는 15곳으로 늘어났다.[22] 일제가 운영했던 공립고

---

22 강명숙(2010), 일제 강점기 학교제도의 체계화 −제2차 조선교육령 개정을 중심 으로− 한국교육사학 32(1), 17.

보에서는 1920년대 초반부터 전원 조선인 학생들로 구성된 야구부가 창설되기 시작했다.

공립고보에서 야구부 창설을 주도한 인물들은 일본인 교장과 교사 들이었다. 이들의 목표는 한결같이 고시엔 야구 대회 본선 진출이었고, 야구부에 적지 않은 지원을 했다. 일본 정부나 조선 총독부 차원의 야구 장려 정책은 없었지만, 일본인 교장들은 야구로 학교의 명예를 높이고 싶어 했다. 당시 일본에서 지역 명문교들이 전국적인 명문교로 발돋움하기 위해 야구부 육성에 힘을 쏟은 것과 마찬가지 이유였다. 일본에서 야구는 학교를 홍보할 수 있는 유용한 수단이었고, 이는 일본인 교장들에 의해 조선의 공립고보에도 이식됐던 셈이다.

이런 분위기 속에서 공립고보의 야구 열기는 1936년 고시엔 야구 대회 조선 예선에서 절정에 달했다. 조선의 수재들이 다녔던 15개 공립고보 가운데 절반이 넘는 9개 학교가 이 대회에 참가할 정도로 전국적인 야구 붐이 불었다.

대구고보와 광주고보(현 광주일고) 야구부도 모두 일본인에 의해 1920년대 초반에 창설됐다. 일제 강점기 섬유 산업을 필두로 경제적으로 급성장했던 대구의 대표적 명문교 대구고보에서는 1921년에 야구부가 창설됐다. 일본인 감독과 코치의 지도에 힘입어 조금씩 성장했던 대구고보는 1928년부터 지역의 일본인 학교 대구중학 및 대구상업학교와 매년 리그전을

펼치면서 야구 실력이 늘어났다.[23]

1922년 야구부를 창설한 광주고보는 지리와 역사 교과를 담당했던 일본인 교사 겸 야구부장의 지휘 아래 선수 전원이 해가 지기 전까지 야구 연습에 열중했고, 1920년대 후반부터 각종 대회에도 적극적으로 참가했다.[24] 하지만 성장을 거듭하던 광주고보 야구부는 1930년 광주학생운동의 여파로 2년 동안 대회에 참가하지 못했다.

광주학생운동은 광주 지역 일본인 학교인 광주중학 학생들이 광주여고보 학생을 추행한 사건이 발단이 되어 일어났다. 광주고보의 조선인 학생은 광주중학의 일본인 학생과 충돌했고, 곧 대규모 시위로 이어졌다. 일제 강점기 식민지 교육의 부당함을 규탄하는 이 시위는 광주를 넘어 전국 194개 조선인 학교로 전파돼 5개월간 이어졌다.

일제 강점기 공립고보 야구부 가운데 가장 두각을 나타낸 학교는 동래고보였다. 동래고보는 원래 조선인이 설립한 사립 학교였지만, 일제에 의해 1922년 공립고보로 전환됐고, 1926년 일본인 교장에 의해 야구부가 창설됐다. 동래고보 야구부는 야구와 수영을 좋아했던 미야케(三宅) 교장이 부임했

23   대구상고오십년사편찬회(1973), 대상오십년사, 대구: 대구상고동창회, 93.
24   광주제일고등학교동창회(1986). 광주고보, 서중, 일고 육십오년사: 1920-1985. 광주: 광주제일고등학교동창회, 690; 帝國日本と朝鮮野球, 242.

던 1930년부터 전성기를 구가했다. 이 시기에 동래고보는 전국으로 확대된 광주학생운동에 가장 적극적으로 참여한 학교였다. 미야케 교장은 이를 학교의 불명예로 생각했고, 야구를 포함한 스포츠부에 대한 지원을 본격화했다. 스포츠로 조선을 넘어 일본에까지 동래고보의 이름을 널리 알리겠다는 게 그의 목표였다.[25]

미야케 교장은 1932년 목표를 거의 이룰 뻔했다. 동래고보는 1932년 고시엔 대회 조선 예선 결승에 올랐다. 동래고보의 상대는 일본 학교 평양중학이었다. 동래고보는 4회까지 평양중학에 6-2로 앞서 나갔다. 하지만 5회 이후 투수진의 난조로 실점을 거듭해 8-13으로 패했다.[26] 전원 조선인 팀으로 민족의식이 강했던 동래고보의 우승을 애타게 기다렸던 조선 사회는 아쉬움을 감추지 못했다. 〈동아일보〉가 "(동래고보가) 우리의 기대를 저버리고 패퇴하였다."라고 보도했을 정도였다.

일제 강점기 공립고보는 조선 엘리트 학생에게 야구 문화를 확산시키는 역할을 했다. 공립고보의 일본인 교장들은 야구부 창설과 고시엔 대회 예선전 참가에 적극적이었다. 이들은 학교 교육뿐만 아니라 야구를 통해 일제가 추진했던 조선 엘리

---

25 동래고등학교동창회(2002), 동래고등학교100년사, 부산: 동래고등학교동창회, 426.

26 조선신문, 1932. 7. 31.

트의 일본 동화 정책을 주도했다.

물론 공립고보에 다녔던 조선인들의 숫자는 극히 적었다. 1937년 기준으로 보면, 조선인 인구는 약 2,200만 명이었는데, 이 가운데 공립고보와 사립고보에 다녔던 조선인을 모두 합쳐도 1만 5,454명에 불과했다.[27] 이런 측면에서 공립고보를 통한 조선 사회의 야구 대중화는 제한적이었다고 볼 수 있다. 하지만 지역을 대표하는 수재들이 다녔던 공립고보의 야구 전통은 한국 사회에서 야구가 명문교의 스포츠로 자리 잡는 데 매우 큰 영향을 줬다. 해방 이후 야구가 이들 학교의 교기가 되는 경우가 많았기 때문이었다.

이후 이런 지역 명문교들은 고교 야구 전성시대를 이끄는 중심축이 됐다. 1960~1970년대 영호남을 대표하는 야구 명문교로 부상했던 경북고나 광주일고가 대표적이었다. 1977년 충청도 지역 학교로는 최초로 전국야구대회 우승을 차지했고, 훗날 한국 최초의 메이저리거가 되는 박찬호를 배출한 공주고도 일제 강점기 공주고보 시절에 야구부가 창설됐다.

---

27   白球の世紀, 143.

4

내선융화의 롤모델 상업학교의 야구 전통

인문계 지역 명문교와 함께 1960~1970년대 한국 고교 야구 인기를 주도했던 상업고등학교 야구의 전통도 일제 강점기에 만들어졌다. 다수의 졸업생들이 은행, 철도국과 관청에 취업했던 일제 강점기 상업학교는 고등보통학교와 마찬가지로 조선 엘리트의 요람이었다. 상업학교에는 일본 학생이 많았지만 조선 학생들도 꽤 있었다. 당연히 야구부에도 조선인 선수들이 활약했다. 일본인과 조선인의 혼합 야구 팀은 일제가 추진했던 내선융화 정책에서 상징적 의미를 가지고 있었다. 야구로 내선융화 정책을 실현하는 데 있어 조선 학생과 일본 학생이 같이 뛰었던 상업학교 야구부는 최적의 장소였다.

1922년 창설된 대구공립상업학교(현 대구 상원고)의 야구 전통도 내선융화 정책에서 비롯됐다. 대구상업은 이른바 조선인

1930년 고시엔 대회 본선에 진출한 대구상업 야구부. ⓒ아사히스포츠

과 일본인이 같이 다니는 내선 공동 학교의 모델이었다. 조선
인 학생과 일본인 학생의 비율이 거의 비슷했던 대구상업은
조선인과 일본인 혼합 팀으로는 처음으로 고시엔 대회 본선에
진출한 팀이었다. 1930년 대구상업이 고시엔 대회 본선에 진
출했을 때 조선인 선수는 5명이었고 그 가운데 주전 선수가 4
명이었다. 이 4명의 조선인 선수는 팀에서 1번~3번 타자와 5
번 타자를 담당했다. 일제 강점기 조선 야구의 역사를 연구한
오노 야스테루(小野容照) 교수가 대구상업을 "민족보다는 실력
위주로 선수를 선발하는 팀"으로 평가한 이유였다.[28] 일제 강

---

28   帝國日本と朝鮮野球, 250.

점기에 조선인에 대한 차별이 극심했다는 점을 고려하면, 대구상업 야구부의 선수 선발 정책이 의미가 있었다는 얘기다.

대구상업 야구부는 고시엔 대회에서 한국어로 작전을 지시했다.[29] 한국어 작전 지시는 매우 이례적인 것이었다. 대구상업이 내선 공동 학교의 모범 사례였기 때문에 이런 결정을 한 것일까? 그렇지 않다. 고시엔 대회에서 한국어로 작전을 낸 이유는 따로 있었다. 대구상업이 상대했던 일본 팀은 한국어를 전혀 알아듣지 못했기 때문이다.

한국어 작전 지시가 얼마나 효과가 있었는지 알 수는 없지만, 대구상업은 1930년 고시엔 본선 무대에서 귀중한 1승을 거뒀다. 대구상업의 승리는 1923년 휘문고보 이후 조선인이 포함된 팀이 고시엔 본선에서 거둔 최초의 승리였기 때문에 의미가 크다. 《대구상고 50년사》도 이 고시엔 본선 진출과 1승 덕분에 조선뿐 아니라 일본에서도 대구상업을 야구 명문교로 기억해 줬다고 기록하고 있다.[30]

일제의 입장에서 대구상업의 고시엔 대회 본선 진출은 내선 융화의 성공 사례로 평가할 수 있다. 하지만 조선인들은 대구상업과 같은 혼합 팀에는 별 관심이 없었다. 당시 조선의 신문도 대구상업의 고시엔 본선 진출에 대해 그저 조선인 선수들

---

29   당시 대구상업의 일본인 학생들은 한국어로 대화할 수 있었다. 플레이볼, 148.

30   대상오십년사, 108.

의 활약이 있었다는 부분만 언급했을 뿐이었다.[31] 아무리 조선인 학생들이 많이 다녔다고 해도 대구상업은 일본인이 운영하는 다른 학교들처럼 일본적 색채가 강했다. 대구상업이 조선 예선에서 우승했을 때 마련된 환영회장에는 일본 기업들의 화환이 차려졌고, 야구부는 대구 신사로 가서 참배를 했다.[32] 일본 학교에서의 신사 참배는 야구부원들에게도 너무나 당연한 하나의 의식이었던 셈이다.

일제 강점기 선린상업학교(현 선린인터넷고) 야구부 유니폼에는 'ZENRIN(젠린)'이라는 글자가 아로새겨져 있었다. 젠린은 선린(善隣)의 일본식 발음이었다. 이 젠린에는 특별한 의미가 담겨 있었다. 원래 선린상업의 교명은 학교 설립자 오쿠라 기하치로(大倉喜八郎, 1837~1928)의 성을 딴 오쿠라상업학교로 예정돼 있었다. 하지만 1907년 학교가 설립될 때 교명이 선린으로 바뀌게 됐다. 당시 한일 강제 합병을 목전에 두고 있던 이토 히로부미(伊藤博文, 1841~1909) 조선 통감은 일본과 조선의 선린을 도모하고 대한제국의 보조금 교부를 고려해 '선린'이라는 이름을 사용하도록 지시했다.[33]

오쿠라 기하치로는 청일전쟁 때 무기와 군수 물자를 팔아

---

31   조선일보, 1931. 1. 4.

32   플레이볼, 148.

33   선린중고총동문회(2000, 善隣百年史, 서울:선린중고총동문회, 67,

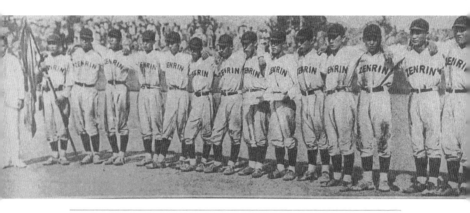

1933년 고시엔 대회 본선에 진출한 선린상업 야구부.
'선린'의 일본식 발음인 'ZENRIN'이 눈에 들어온다. ⓒ아사히스포츠

거부가 됐고, 이후 부산을 거점으로 무역과 건설업에 집중해 일본의 5대 재벌로 성장하는 오쿠라 그룹을 만들 수 있었다. 오쿠라가 세운 회사 오쿠라 구미(組)는 덕수궁 석조전을 준공했으며, 조선에서 약탈한 문화재를 중심으로 일본 최초의 사립 박물관인 오쿠라 슈코칸(大倉集古館)도 세웠다. 그는 일제의 조선 식민 지배를 등에 업고 각종 이권을 독차지해, 조선에서 가장 많은 돈을 번 일본인 기업가라는 평가를 받고 있다. 그가 조선에 남긴 대표적 유산은 선린상업학교였다. 선린상업은 원래 1899년에 관립상공학교로 출발했다. 하지만 1907년 재벌 오쿠라가 기부금 20만 원을 출연하면서 사립 학교로 변신해 조선 최고 수준의 명문 상업학교가 될 수 있었다.

오쿠라 재벌이 키운 선린상업의 졸업생들은 조선 금융계를 쥐락펴락했다. 선린상업 출신으로 이승만 정권 시절 재무부 장관을 역임했던 송인상은 1920~1930년대 조선은행(한국은행)과 식산은행(산업은행)의 간부와 지점장은 대부분 선린상업 출신이었다고 증언했다.

일제 강점기 경성에 있던 은행은 대부분 야구 팀을 가지고 있었고, 은행에서 일했던 일본인들은 야구를 좋아했다. 그래서 당시 은행에서는 상업학교에서 야구부 활동을 했던 사람을 신입 사원으로 뽑는 걸 선호했다. 상업학교 출신이 즐비했던 은행은 자연스럽게 상업학교와 특수 관계였다. 야구에서도 그랬다. 이는 선린상업 야구부가 경성의 한 은행에서 야구 선수로 활약하던 나가사키(長岐)를 코치로 모셔 올 수 있었던 배경이었다.[34]

나가사키 코치가 부임한 뒤 선린상업 야구부는 경성에 있는 일본 실업 팀과 연습 경기를 치르면서 성장했다. 선린상업 선수들은 일요일은 물론이고, 학창 시절 단 한 번뿐인 수학여행도 반납한 채 훈련에 몰두했다. 대구상업과 마찬가지로 선린상업 선수들도 신사 참배를 해야 했다. 이들은 야구 대회 일주일 전에 감독의 지시에 따라 일본 건국의 신(神)과 메이지 일

---

34   앞의 책 226

왕의 혼이 깃들여 있다는 신궁(神宮)을 참배해야 했다. 신궁을 관리하는 신관(神官)이 선린상업 선수들의 좋은 성적을 기원하는 의미에서 부적도 나눠 줬다. 내선융화 정책의 핵심 요소였던 신사 참배는 선린상업 조선인 선수들이 피할 수 없는 식민지 시대의 어두운 그림자였다.

선린상업은 1933년 고시엔 대회 조선 예선에서 우승을 차지했다. 선린상업이 고시엔 대회 본선에 진출했을 때, 조선인 선수는 모두 3명(주전 2명, 후보 1명)이었다.[35] 이 가운데 중견수였던 공창순은 일본인 야구부원 사이에서도 신망이 높았다. 공창순과 선수 생활을 같이 했던 네코오키 쓰네요시(猫沖恒義)는 그의 수기에 공창순이 선린상업의 최고 엘리트 학생 선수였다는 점을 언급했다. "공창순은 반장에, 무척 머리가 좋고 훈련도 열심이었다. 그의 야구는 지능적이었다. 공창순은 야구부원들에게 인기가 많았다."[36]

공창순은 일본인 코치 나가사키의 지도력을 높게 평가했다. "그의 지도 방법은 매우 특이하여 오른손잡이 선수라도 모두 좌타를 하도록 권유했다. 왜냐하면 타격에서 좌타자는 우타자보다 여러 가지 면에서 유리했기 때문이었다. 그 당시 그의 권유에 따라 우투 좌타를 했던 선수는 9명 중 3명이나 됐다. 이

---

35   歷代春夏甲子園メンバー表100年大全集(2019), 東京: 廣濟堂出版社, 285.
36   플레이볼, 155.

와 같은 코치의 지도 방법이 주효했던지 1933년 고시엔 대회 예선에서 우승하여 대망의 본선 출전 자격을 획득했다."[37]

선린상업이나 대구상업과 함께 일제 강점기 상업학교 야구를 얘기할 때 빼놓을 수 없는 학교는 인천상업학교다. 인천상업은 일제 강점기 고시엔 대회 본선에 가장 많이 진출했던 야구 명문교였다. 인천상업은 3회(1936, 1938, 1939)나 고시엔 대회 본선에 진출했다. 인천상업은 일본인들이 다녔던 야구 명문 인천 남(南)상업학교와 조선인들이 다녔던 인천 북(北)상업학교가 1933년에 통합해 만들어진 공립상업학교였다. 이 때문에 인천상업 야구부에는 일본인들 사이에 간간이 조선인 선수가 끼어 있었다.[38] 인천상업은 광복 후 인문계 고교인 인천고로 교명이 바뀌었다. 야구 명문교인 인천고의 전통도 일제 강점기 상업학교에서 출발했던 셈이다.

37   善隣百年史, 739.

38   이종남(2005), 종횡무진 인천야구, 서울: 피코스, 395.

5

친일파와 지일파의
문화 자본이 된 야구

19세기 대영제국이 세계를 지배하고 있을 때, '브리티시 웨이브(British Wave)'는 1차 전성기를 맞고 있었다. 영국에서 만들어진 제품은 물론, 영국인들이 즐기고 있는 관습이나 문화는 이 시기에 전 세계인들이 흉내 내고 싶은 일종의 유행 코드가 됐다. 자연스럽게 영국 문화를 숭배하는 '앵글로마니아(Anglomania)'가 늘어났다. 진정한 앵글로마니아가 되기 위해서는 영어가 필수였고, 영국으로 유학을 떠나는 사람들도 많아졌다. 영국 유학 중에 근대 스포츠를 배운 유럽 대륙의 상류층 자제들이 모국으로 돌아와 축구 팀과 럭비 팀을 조직하는 경우가 많았던 이유다.

대영제국의 산업 혁명에서 매우 중요한 부분을 차지했던 식민지는 인도였다. 영국의 부를 창출하는 데 근간을 이뤘던 면직 공장은 인도에서 생산된 값싸고 질 좋은 면화가 없었다면 불가능했다. 심지어 인도는 아편 생산 기지 역할도 했었다. 영국은 인도에서 아편을 생산해 청나라에 내다 팔기 시작했고, 육체노동에 시달리고 있던 중국 하류 계층은 아편에 중독됐다. 영국이 청나라에 아편 무역을 시작한 것은 영국인이 애호하는 중국 차(茶) 수입량이 늘어나면서 청나라와의 무역 수지가 적자로 돌아섰기 때문이었다.[39] 청나라가 아편 중독의 심각성 때문에 이를 철저히 규제하자 영국은 세계에서 가장 악랄한 전쟁으로 평가되는 아편 전쟁을 일으켰다. 두 차례 펼쳐진 아편 전쟁으로 영국은 홍콩과 상하이 등을 손아귀에 넣을 수 있었다. 어찌 보면 영국의 중국 침략이라는 큰 그림은 인도의 아편 생산에서 시작됐다고 해도 과언이 아니다.

인도 총독부로의 파견은 대영제국 관리가 출세하는 지름길이었다. 인도 총독부에 부임해 일을 하고 본국으로 돌아오면 높은 자리가 보장되는 경우가 많았다. 그래서 인도 총독부로 가는 영국 엘리트들은 빠른 출세를 원하는 야심가들이 많았다. 이들은 대부분 명문 사립 학교인 이튼이나 해로우 스쿨 출신의 크리켓 애호가들이었다. 19세기 말 영국 명문교에서는 축구보다 크리켓이나 럭비를 더 즐겼다. 이 시기에 영국의 축

---

39 조너선 카우프만 지음/최파일 번역(2023), 상하이의 유대인 제국, 서울: 생각의 힘 64-65

1890년에 열린 이튼 칼리지와 해로우 스쿨 간의 크리켓 경기.
ⓒalamy

구는 공장에서 일하는 노동자들의 스포츠가 됐기 때문에 명문교의 자제들은 이들과 스포츠에 있어서도 차별화되고 싶어 했다. '우리는 너희와 달라'라는 정서는 영국에서 계층 간 스포츠 선호도에 이처럼 큰 영향을 미쳤다.

영국의 명문교를 졸업하고 인도 총독부에 부임한 엘리트들은 크리켓을 통해 인도 지배층의 자제들을 제국의 엘리트로 만들고 싶어 했다. 인도 총독부는 영어 학교를 설립해 인도 엘리트들을 교육하는 데 있어 크리켓을 주요 프로그램으로 활용했다. 하얀 유니폼을 입고 크리켓 배트를 들고 있는 인도 귀족 계급의 자제들은 영국화(化)되어 가고 있었다.

인도의 최상층 귀족들 중에는 아예 영국으로 유학을 가는 사람도 많았다. 이들은 영국에서 영어와 크리켓을 익혔고, 모국에 돌아와 인도 크리켓 발전에 중추적인 역할을 했다. 대표적인 인물은 쿠마 스리 란지트신지(1872~1933) 왕자였다. 케임브리지대학교에서 크리켓 선수로 명성을 날린 란지트신지는 후에 대영제국이 직접 다스리지 않았던 인도 자치 지역 나와나가르주(州)의 왕이 됐다. 란지트신지는 왕위 계승을 놓고 다른 왕자들과 경쟁했지만 인도 총독부의 지원에 힘입어 왕이 될 수 있었다. 인도 총독부의 영국인 고위 관리들은, 영국에 대해 우호적이었으며 무엇보다 크리켓 실력이 뛰어났던 '친영파' 란지트신지의 왕위 계승을 원했다. 란지트신지는 나와나가르주의 통치자가 된 뒤 크리켓 경기장을 설립하고 인도 귀

족들에게 크리켓을 전파했다.[40]

인도의 영국 유학파 엘리트들의 크리켓 문화 전파와 비슷한 맥락에서 일본 유학파들이 주도했던 조선의 야구 전파를 살펴볼 필요가 있다. 조선에서 야구가 뿌리를 내리게 된 데에는 YMCA 야구단의 역할이 컸지만, 이후에는 일본 유학파 엘리트들이 이끌었다. 1920년 조선체육회가 설립된 이후 최초의 대회가 축구 대회가 아닌 야구 대회였던 것도 이런 이유였다. 〈동아일보〉 기자로 조선체육회 설립의 필요성을 설파했던 변봉현과 이중국은 모두 일본에서 야구를 익힌 인물들이었다. 이들은 1915년에 열린 고시엔 야구 대회에서 사용한 경기 규칙과 대회 강령 등을 입수해 이를 바탕으로 전조선야구대회를 개최할 수 있었다.[41]

일제 강점기 조선의 일본 유학생은 날로 증가했다. 조선을 식민 지배했던 일본으로 유학을 가는 것은 입신양명의 기회를 보장해 줬기 때문이다. 이 시기에 일본 유학을 했던 사람들은 가난한 집안에서 출생한 사람들도 있었지만, 부유층 자제들이 더 많았다. 영국 유학을 떠난 인도 귀족들에게 크리켓이 그랬던 것처럼 이들에게 야구는 중요했다. 이 시기에 대표적인 '모

---

40   A. Guttmann(1994). *Games&Empires: Modern Sports and Cultural Imperialism*. New York: Columbia University Press, 38.

41   대한체육회사, 71.

던 스포츠'로 소수 계층만 즐길 수 있던 야구는 부유한 엘리트의 상징이었다. 일제 강점기 조선의 야구를 사회 계층적인 시각으로 바라보면 상류층 자제의 전유물이나 다름없었다. 조선 야구의 중심부에 고등보통학교에서 야구를 접한 뒤 일본 유학을 떠난 인물이 다수 존재하는 이유였다. 어쩌면 야구가 한반도에서 엘리트 계층과 손을 맞잡게 되는 중요한 계기는 야구의 매력에 빠지게 된 일본 유학생들이 제공했다고 해도 과언이 아니다. 이들 가운데에는 일제 강점기에 친일의 길을 걸었던 인사가 많았지만, 이들은 해방 이후에도 여전히 한국 사회에서 중추적인 역할을 하는 경우가 비일비재했다.

《친일인명사전》에 등재되어 있는 윤치영(1898~1996)이 그런 인물이었다. 윤치영은 1941년 중일 전쟁 시기에 전쟁 경비 모금에 앞장섰던 단체인 임전대책협의회의 일원으로 활동했다. 해방 이후 초대 내무부 장관에 오른 윤치영은 1948년 친일파 청산을 위한 반민족특별위원회를 무력화시키는 데에도 한몫했다. 그는 당시 친일파 숙청보다 중요한 것은 공산주의자 색출이라는 정치적 입장을 견지하고 있었다.[42] 친일 논란을 뒤로 한 채 윤치영은 1963년에 서울시장에 취임했고, 이후 정치인으로 활동했다.

---

42   프레시안 2022. 9. 2.

1964년 서울시장 시절에 야구 대회 시구에 나선 윤치영(오른쪽).
ⓒ서울기록원

윤치영은 일본 유학을 경험한 야구인이었다. 그는 중앙고보 시절 야구 선수와 코치로 활약했으며 하와이 원정 경기까지 떠났던 조선야구단의 일원이었다. 윤치영은 와세다대학교 재학 시절이었던 1920년 도쿄학생야구단 소속으로 조선에 와서 친선 경기를 치르기도 했다. 1909년부터 시작된 도쿄학생야구단의 모국 방문 경기는 조선에서 야구가 발전하는 데 중요한 계기가 됐다. 일본에서 선진 야구를 익힌 유학생 선수들은 실력이 뛰어났으며, 경기 규칙도 잘 알고 있었다. 조선 선수들은 이들과 경기를 치르며 야구 기술과 경기 규칙을 배울 수 있었다.

1920년 윤치영이 활약했던 도쿄학생야구단 방문 경기를 주도했던 사람은 감독 유억겸(1896~1947)과 주장 박석윤(1898~1950)이었다.[43] 중일 전쟁이 발발한 뒤 친일 단체에 적극적으로 참여했던 유억겸과 조선 총독부 기관지 〈매일신보〉의 부사장을 역임했으며 만주에서 밀정 조직인 민생단을 창설해 수많은 조선의 독립운동가의 목숨을 잃게 했던 박석윤은 윤치영과 마찬가지로 《친일인명사전》에 올라 있는 인물이다. 이 두 인물은 도쿄대학교 법학부를 졸업한 최고의 인재였다.

공교롭게도 유억겸과 박석윤은 한국 야구사에도 매우 중요

---

43   한국야구사간행위원회(1999), 한국야구사. 서울: 대한야구협회, 한국야구위원회, 106-107.

한 발자취를 남겼다. 유억겸은 일본 유학을 마치고 조선에 돌아와 연희전문학교 부교장을 역임하면서 연희전문학교 야구부를 조선 최강 팀으로 만들었다. 당대 조선 최고의 야구 선수였던 이영민도 유억겸 덕분에 연희전문학교에서 뛸 수 있었다. 그는 야구 발전에 기여한 점을 인정받아 지난 2005년 한국 야구가 100주년을 맞이했을 때 KBO(한국야구위원회)와 대한야구협회로부터 10명의 공로자 중 한 명으로 선정되기도 했다. 또한 박석윤은 1922년 미국 프로 야구 올스타 팀 초청 경기가 조선에서 개최되는 데 큰 역할을 했으며, 1923년에는 휘문고보의 감독으로 팀을 고시엔 대회 본선 8강으로 이끈 인물이었다.

19세기에 근대 스포츠가 태동하던 시기부터 이른바 해외 유학파들의 스포츠 전파는 전 세계적으로 나타나는 일반적인 현상이었다. 해외 유학을 갔다 온 사람들은 스포츠의 세계적 확산에 일익을 담담했다. 해외 유학파들은 근대 스포츠를 선진 문명으로 받아들였다. 자신이 유학을 하면서 경험했던 근대 스포츠를 모국에 이식시키려고 노력했다. 세계적 흐름에 비춰 보면, 조선의 일본 유학생들이 당시 일본의 학원 스포츠로 크게 성행하고 있던 야구에 관심을 갖게 되고, 모국에 돌아와 주로 교육 기관을 통해 야구 전파에 앞장선 것은 자연스러운 일이었다. 이들 중 민족의식을 고취하기 위해 조선의 야구 발전에 힘쓴 인물도 적지 않았다.

하지만 이들에게 야구는 조선에서 사회 특권층으로서의 위치를 확실하게 만들어 주는 일종의 '문화 자본'이었다. 일본 유학파 엘리트들에게 야구는 선진 근대 문화의 상징이었다. 이들은 조선 민중들에게는 선망의 대상이었으며, 야구 실력에 관계없이 조선 사회에서 명사 대접을 받았다. 이 와중에 야구는 조선 사회에서 집안 좋고 학력도 높은 도련님들의 스포츠로 확고한 위치를 차지했고, 적지 않은 일본 유학파 야구인들은 이후 정관계를 주름 잡는 고위 인사가 됐다. 1946년 초대 야구협회 회장이 됐던 와세다대학교 출신의 서상국과, 군산 출신으로 교토대학교에서 야구를 했던 김판술과 같은 유학파 야구인들이 지역 사회의 유지로 활동하며 훗날 국회 의원이 된 것은 우연이 아니었다.[44]

일본 유학파 야구인들 중에 친일파로 분류돼 있는 사람도 꽤 있었다. 이들은 친일파 부호들과 야구를 매개로 인연을 맺기도 했다. 그런 대표적인 경우가 곧 살펴볼 휘문고보다.

---

44   조선일보, 1973. 6. 17: 오마이뉴스, 2015. 12. 17

6

'귀족 학교' 휘문고보의
고시엔 8강 진출의 비밀

휘문고보 야구가 처음으로 빛을 발한 건 1907년이었다. 1907년 일제 강점기 조선 학교 최초로 야구부를 창단한 휘문고보는 같은 해에 황성 YMCA를 제압했다. 〈황성신문〉은 이 야구 경기를 '휘승청패(徽勝靑敗, 휘문이 이겼고 청년회가 패했다)'로 보도했다. '체육 휘문'의 기치를 내걸고 야구부 육성에 힘썼던 휘문고보는 1923년 조선 학교로는 최초로 고시엔 대회 본선에 진출했다. 일제 강점기를 통틀어 전원 조선 선수로 팀을 꾸려 고시엔 본선에 진출한 학교는 휘문고보가 유일했다. 당시 휘문고보는 8강에까지 올라 조선 야구의 명예를 드높였다는 평가까지 받았다.

식민지 조선 사회에서, 더구나 야구에서 어떻게 이런 일이 가능했을까? 휘문고보는 고시엔 대회 조선 예선에서 쟁쟁한 일본인 학교 팀을 어떻게 이겼을까? 호기심이 발동했다.

기본적으로 야구는 비용이 많이 드는 스포츠다. 더욱이 야구는 선수들의 신체 조건과 운동 능력만으로 빠르게 성과를 낼 수 있는 종목도 아니었다. 상대적으로 다른 종목에 비해 경제적 여건과 기술적 완성도가 갖춰져야 성과를 낼 수 있다. 그래서 야구부 운영을 위한 넉넉한 예산, 넓은 운동장과 수준급의 코치가 있어야 한다. 이런 점에서 일본 학교는 조선 학교에 비해 절대적으로 유리했다. 야구 열기가 높았던 일본에서 조선으로 건너온 일본인들은 식민지 조선에 있는 일본 학교의 야구부 활동을 적극적으로 지원했다. 일본에서 야구 선수로 활약했던 사람들이 이런 학교에서 야구부 지도자 역할도 담당해 선수들이 체계적으로 야구를 배울 수 있도록 했다. 물론 야구 훈련을 할 수 있는 경기장도 좋았다. 일제 강점기 고시엔 대회 조선 예선에서 다섯 차례나 우승을 차지했던 경성중학의 그라운드는 일본 성인 야구 팀들이 조선을 찾았을 때 경기를 할 수 있었던 최상급의 야구장이었다.[45]

휘문고보는 조선에서 세워진 일본 야구 명문교처럼 야구부 운영 비용을 감당할 수 있는 학교였다. 휘문고보의 창립자는 명성황후의 조카로 이재(理財)에 밝아 민씨 재벌을 일으켰

---

45 플레이볼, 80

휘문고보를 설립한 민영휘. ©Wikipedia

던 민영휘였다. 그는 조선의 세도가로 구한말과 일제 강점기에 엄청난 부를 축적했던 친일 인사다.[46] 그는 1910년 일본 정부로부터 자작 작위와 은사금을 받았다. 은사금은 일왕이 은혜롭게 베풀어 준 돈을 의미했는데, 당시 한일 강제 병합에 협조한 인사들에게 지급됐다. 그는 그와 가족들이 받았던 은사금으로 한일은행을 매입했고, 가족 경영 체제를 확립해 '민씨재벌'의 서막을 열었다. 조선 최고의 부호로 떠오른 민영휘는

---

46   오미일(2008), 관료에서 기업가로 −20세기 전반 閔泳徽一家의 기업투자와 자본
       축적, 역사와경계 68, 177−226.

1928년 휘문고보 야구부 운영 예산으로 1년에 860원이 넘는 돈을 책정할 수 있었다.[47] 이는 당시 조선에서 쌀 60가마니 정도를 살 수 있는 많은 돈이었다.

재력가 민영휘와 조선 총독부와의 친밀한 관계로 인해 휘문고보 야구 선수들이 자유롭게 연습할 수 있는 운동장도 확보할 수 있었다. 휘문고보는 1921년까지 제대로 된 운동장이 없었다. 하지만 1922년에는 상황이 바뀌었다. 휘문고보는 경성부청으로부터 조선의 마지막 임금 순조 시기에 세워진 궁궐인 경우궁을 7만 원에 매입해 이를 운동장으로 만들었다. 《휘문 70년사》에 따르면, 일본의 강제 병합 후 경성부청 위생국이 사용했던 경우궁을 3,000평 규모의 운동장으로 바꾼 뒤 휘문고보 야구부의 전성기가 열릴 수 있었다.[48]

돈이 많이 드는 '귀족 스포츠' 야구를 제대로 할 수 있는 토대를 갖춘 휘문고보는 1923년 마지막 퍼즐을 맞췄다. 휘문고보는 1922년까지만 해도 야구부 감독이 없었다. 박석윤은 1922년 전조선야구대회의 관전평을 쓰면서 휘문고보가 배재고보에 패한 이유는 감독이 없었기 때문이라고 강조했다.[49] 야구부 육성에 진심이었으며 배재고보나 중앙고보를 넘어서는

---

47   帝國日本と朝鮮野球. 207.

48   휘문70년사편찬위원회(1976), 휘문70년사, 서울: 휘문중고학교, 168-169.

49   동아일보, 1922. 10. 25.

조선 최고 명문교의 지위를 원했던 휘문고보는 박석윤의 지적을 놓치지 않았다. 그래서 휘문고보는 박석윤을 야구부 감독 겸 영어 교사로 모셔 왔다. 도쿄제국대학교를 졸업한 제국의 엘리트 박석윤은 교토3고에서 이름을 날렸던 좌완 투수였다. 일본 야구계에서 높은 평가를 받았던 박석윤의 존재감은 휘문고보 선수들에게 자신감을 심어 주기에 충분했다. 일본 신문들도 휘문고보에 대해 왕년의 명투수 박석윤이 열정적으로 지도하는 팀으로 소개했다.

그는 고시엔 대회 조선 예선전부터 휘문고보 선수들에게 도루 등 투지 넘치는 플레이를 주문했고, 이는 예선전 우승의 한 요인이 됐다. 특히 중앙고보에서 데려온 휘문고보의 에이스 투수 김종세는 투수 출신인 박석윤 감독이 부임한 이후에 실력이 일취월장했고, 팀의 전력은 더욱 안정될 수 있었다.[50] 조선인들은 휘문고보에 열광했다. 1923년 조선 예선전 결승에는 휘문고보의 승리를 기대하는 흰옷을 입은 조선인들이 대거 경기장에 운집했으며 휘문고보가 경성중학을 10-1로 제압한 뒤에는 우승기를 앞세우고 행진했던 선수들에게 열광적으로 환호를 보냈다.[51] 〈조선일보〉는 휘문고보의 우승에 대해 사설을 통해 "아 이것이 민족적 의거가 아니고 그 무엇인가. 조선

---

50   동광, 1932년, 6월호, 46.

51   朝日スポーツ,1923년, 8월호, 7.

1923년 고시엔 대회 8강에 오른 휘문고보.
ⓒ 아사히스포츠

운동계 역사에 신기원인 초유의 미거(未擧)이며 환희이로다."
라며 감격스러워했다.[52]

〈오사카 아사히 신문〉 조선판도 휘문고보의 우승에 반색했
다. 하지만 〈조선일보〉의 시각과는 전혀 달랐다. '일본과 조선
의 융화라는 측면에서 휘문고보의 고시엔 대회 본선 진출이
기쁘다'는 게 요지였다.[53] 휘문고보의 고시엔 대회 출전을 야
구를 통한 식민지 동화의 첫걸음으로 봤기 때문이었다.

1923년 고시엔 대회는 오사카에서 멀지 않은 효고현(縣) 니
시노미야시(市)의 나루오 경기장에서 펼쳐졌다. 당시 오사카
에는 약 2만 4,000명의 동포가 거주하고 있었으며, 효고현에
도 약 6,000명의 조선인이 살고 있었다.[54] 이 가운데 효고현에
살던 동포들은 대부분 한신 공업 지대의 중심이었던 히가시(東)
오사카에서 일했던 노동자들이었다. 이들은 휘문고보의 경기
를 보기 위해 나루오 경기장으로 향했다. 경기장을 찾은 조선
동포들의 응원 함성 속에서 휘문고보는 만주 대표로 출전했던
다렌(大連)상업을 9-4로 제압하며 8강에 올랐다. 타선의 핵심
선수이자 도루 능력까지 뛰어났던 포수 김정식은 이 경기에서
2안타, 3도루를 기록해 승리를 견인했다. 하지만 안타깝게도

---

52   조선일보, 1923. 7. 30.
53   大阪朝日新聞 朝鮮版, 1923. 7. 31.
54   白球の世紀, 132.

그는 이 경기에서 도루를 시도하다 2루 베이스에 스파이크가 걸리며 발목 부상을 당해 다음 경기에 나서지 못했다.

고시엔 대회를 주최하는 〈오사카 아사히 신문〉이 발행하는 잡지 〈아사히 스포츠〉도 "휘문고보 최고의 강타자이자 포수인 김정식의 부상은 경기력에 큰 영향력을 미쳤다."라고 언급했다.[55] 김정식의 부상으로 휘문고보는 리츠메이칸중학에 패해 4강 진출에 실패했다. 〈아사히 스포츠〉는 '휘문에게 배워라'는 제목의 기사를 통해 기술적인 열세를 투지로 극복한 휘문고보 선수들의 분투 정신을 다음과 같이 칭찬했다.[56]

과거 거인군(뉴욕 자이언츠)의 명감독 맥그로는 당시 시카고 컵스의 감독인 프랭크 챈스에 대해 "그가 최고로 두려운 이유는 자신이 가지고 있는 맹수와 같은 분투적 정신을 팀 전체의 것으로 만들기 때문이다."라고 평했다. 분투적 정신은 기량을 초월해 팀 전체를 힘있게 만든다. (중략) 이번 대회에 참가한 팀 가운데 이런 기질이 가장 넘쳐났던 팀은 조선 대표 휘문고보였다. 야구의 역사가 오래된 본토(일본) 팀을 능가하여 이런 정신을 발휘한 새로운 동포의 미래는 크게 주목할 만하다.

---

55   朝日スポーツ, 1923년, 10월호, 11.

56   朝日スポーツ, 1923년, 10월호, 32.

1923년 〈아사히 스포츠〉에 실린 휘문고보 포수 김정식. ⓒ아사히스포츠

한편 휘문고보를 고시엔 대회 8강에 올려 놓은 박석윤은, 고시엔 대회 조선 예선전부터 주변에서 휘문고보가 심판 판정 등의 불이익을 당할 것이라는 우려가 있었지만 대회 운영은 공정했고 일본의 스포츠맨십도 훌륭했다고 평가했다.[57]

---

57   동아일보, 1923. 9. 2.

휘문고보 야구의 전성시대는 1923년 이후에 계속 이어지지 못했다. 학생들의 동맹 휴학 때문이었다. 휘문고보 학생들은 학교 운영의 부조리와 교사들에 대한 불만을 품고 교장 퇴진을 주장했다. 학생들의 불만 가운데 하나는 휘문고보의 지나친 스포츠 우선 정책이었다. 휘문고보는 각종 체육 대회에서 좋은 성적을 얻기 위해 운동만 잘하면 퇴학 처분을 받은 학생도 받아들였으며, 1923년 야구부를 포함한 운동부 운영비로는 8,000여 원을 썼지만, 도서 및 실험 기구 구입 비용에는 3,000여 원만 사용하는 등 스포츠로 패권을 잡으려고 했다. 학생들은 휘문고보 팀이 대회에 출전하면 학과 수업도 못 듣고 목이 쉬도록 응원을 해야 했던 반면, 선수들은 대회를 앞두고 민씨 일가의 집에서 숙식하며 갈비찜과 계란을 먹는 등 특별한 대우를 받았고, 대회에서 우승하면 고급 요릿집 명월관이나 국일관에서 축하 파티를 했다.[58]

동맹 휴학의 여파로 휘문고보는 1926년까지 고시엔 대회 조선 예선전에 출전하지 못했다. 이 공백기에 휘문고보 야구부 운영은 학생 자치 활동으로 변모했다. 야구부에 대한 후원도 장안 갑부의 아들인 전형필의 몫이었다. 일제 강점기 일본에 의해 약탈된 조선의 문화재를 다시 사들여 현재 그의 호를

---

58 개벽, 1924년, 1월호, 83.

1924년 휘문고보 야구부. 정가운데에 앉아 있는 이가 박석윤.
두 번째 줄, 왼쪽에서 두 번째에 앉아 있는 이가 전형필.
ⓒ간송미술문화재단

딴 간송미술관의 기초를 만들었던 전형필은 휘문고보 야구부장으로 활동하면서 야구부에 재정적 후원을 했다.[59]

이 즈음 박석윤도 휘문고보 야구부 감독 자리에서 물러나 영국 케임브리지대학교로 유학길에 올랐다. 케임브리지에서 미국인 유학생들과 함께 야구 팀을 조직하기도 했던 그는 귀국 후에도 구락부 연맹전에 참여하는 등 야구인으로 계속 활동했다.

하지만 일제 강점기 조선 최고의 인재로 손꼽혔던 박석윤은 이후 친일의 길을 걷게 된다. 그는 조선 총독부 기관지 〈매일신보〉 부사장을 거쳐 폴란드 주재 만주국 총영사로 일하는 등 일제 강점기에 요직을 거쳤고, 독립운동을 방해하기 위한 밀정 조직인 민생단도 관리했다. 영국으로 유학 가기 전, 송별회를 겸한 야구 경기를 펼칠 때 고국을 잊지 말라는 뜻으로 박석윤의 유니폼에 새겨져 있던 'KOREA'라는 글자는 이렇게 빛을 잃었다.[60] 그의 케임브리지 유학은 조선 총독부의 후원으로 이뤄졌고, 그는 유학을 마친 뒤 제국의 충실한 고위 관리로 성장했다. 결국 그는 1948년 친일 반역자로 지목돼 평안남도 최고 재판소에서 사형을 구형받았고, 2년 뒤 조선인민군에 의해

---

59   최완수(2006), 간송 전형필, 간송문화 70호, 114–116.

60   송별 기념 야구 경기가 끝난뒤 박석윤이 훗날 손기정 일장기 말소사건으로 유명해진 〈동아일보〉 운동 기자 이길용과 찍은 사진에는 그의 유니폼에 새겨진 KOREA라는 글자가 선명하게 남아 있다. 동아일보, 1927. 1. 30.

처형당했다.[61]

전원 조선인으로 구성된 휘문고보 야구부의 고시엔 대회 8강 진출 자체는 조선의 자존심을 세운 쾌거였다. 이를 가능케 했던 힘은 엄청난 재력의 학교 설립자 민영휘와 일본 야구계가 인정했던 재능 박석윤에게서 나왔다. 조선 사람들은 휘문고보가 조선 예선에서 일본인 학교를 제압할 때 열성적인 응원을 했고, 대회 본선에는 재일 조선인들이 경기장에 몰려와 휘문고보의 선전에 환호했다. 하지만 식민지 시대 조선 야구는 휘문고보처럼 친일 인사들의 후원과 지도하에서 더욱 발전할 수 있었다. 야구를 잘할 수 있는 토대가 되는 돈과 기술은 주로 이들에게서 비롯됐기 때문이다.

---

61   친일인명사전편찬위원회(2009), 친일인명사전 1, 서울: 민족문제연구소, 21–25.

7

'기울어진 운동장'의
서글픈 현실

야구를 통한 일제의 내선융화는 식민지 조선에서 불가능한 일이었다. 오히려 조선은 일제에 야구로 저항하려고 했다. 문제는 일제 강점기 야구가 '기울어진 운동장'이었다는 점이었다. 일본이 헤게모니를 잡고 있던 야구에서 조선 팀이 일본 팀을 제압하기는 매우 어려운 일이었다. 조선 민중들은 야구 한일전 승리를 애타게 기대했지만, 결과는 신통치 않았다. 그러다 보니 조선인들은 야구 한일전에서 억울한 일을 당하면 분노했다. 조선인들은 야구장이 또 다른 차별의 공간이 되는 걸 받아들일 수 없었고, 일본인들은 우월감을 뽐내야 하는 야구 경기에서 일본 팀이 조선 팀에 패하는 것을 용납할 수 없었다. 배재고보의 기권패와 광주고보의 야구 동맹 휴학도 이런 정서와 맥이 닿아 있다.

휘문고보의 고시엔 대회 8강 진출 이듬해인 1924년, 또 다른 조선 학교가 고시엔 대회 조선 예선전에서 승리 행진을 이어 가고 있었다. 기독교계 사립 학교로 조선 학생 야구를 이끌었던 배재고보는 1911년 야구부를 창설한 뒤 부침을 거듭하다가 1924년 조선 최고의 팀으로 급부상했다. 이미 1922년 미국 프로 야구 올스타 팀 초청 경기에 조선 대표로 선발됐던 함용화가 뛰고 있던 배재고보에 훗날 조선인으로는 최초로 경성운동장에서 홈런을 기록한 '조선의 베이브 루스' 이영민과 만능 스포츠 스타 백기주가 합류했기 때문이다. 이영민과 백기주는 1923년 대구 계성학교에서 배재고보로 전학왔다.

예선전에서 배재고보가 연거푸 승리를 거두자, 휘문고보에 이어 2년 연속으로 조선인 팀이 고시엔 대회 본선에 진출할지도 모른다는 기대감이 생겨났다. 결승전 상대 팀인 경성중학도 체구가 건장한 선수들이 버티고 있는 배재고보를 공포의 대상으로 여기고 있었다.[62] 배재고보는 경성중학 경기장에서 다수의 경관이 경계를 하는 가운데 펼쳐진 결승전에서 7회까지 4-3으로 앞서며 조선인 관중들을 열광시켰다. 하지만 8회 1사 만루 상황에서 결정적 실책을 범해 4-6으로 역전을 당했다.

---

62   帝國日本と朝鮮野球, 248.

이후 경기는 계속되지 않았다. 배재고보가 갑자기 기권을 선언했기 때문이다. 당시 〈동아일보〉는 "배재는 구심(球審)이 불공평하다는 이유로 기권을 선언한 뒤 퇴장했다."라고 보도했다.[63] 대회 주최사였던 〈오사카 아사히 신문〉 조선판은 배재고보가 기권했던 이유를 당시 기사에서는 밝히지 않았다. 하지만 〈아사히 신문〉은 2019년 발간한 고시엔 대회 역사서를 통해 "당시 취재 기자도 배재고보가 불공평한 심판 판정 때문에 기권했다는 사실을 알고 있었을 것"이라고 추측했다.[64] 일본 입장에서 군이 보도하기에 불편한 내용을 기사에 언급하지 않았을 것이라는 의미였다. 《한국야구사》는 배재고보의 기권 사태에 대해 "2년 연속 조선인 팀에게 고시엔 대회 본선 진출권을 내주는 것을 꺼린 일본인 심판이 야료를 부렸을 것으로 짐작된다."라고 했다.[65]

배재고보의 결승전 상대였던 경성중학은 이 사건을 어떻게 기억하고 있을까. 경성중학은 1925년 발간된 교우회지를 통해 "배재고보가 경기를 포기한 이유는 선수들의 피로 때문이었다."라며 〈동아일보〉와는 상반된 주장을 했다.[66] 종합해 보면 배재고보의 기권은 배재고보 선수들의 심판 판정에 대한 불만이

---

63   동아일보, 1924. 7. 31.

64   白球の世紀, 136.

65   한국야구사, 323.

66   帝國日本と朝鮮野球, 210.

주요한 원인인 것 같다. 경성중학 측 주장대로 정말 기권 사유가 배재고보 선수들의 피로였다면 〈오사카 아사히 신문〉 조선판이나 조선에서 발행되는 일본어 신문에서 이를 언급했을 가능성이 높기 때문이다.

배재고보의 아쉬운 기권패가 펼쳐지기 한 달 전 광주에서는 야구 때문에 동맹 휴학 사태가 발생했다. 1924년 6월 광주고보와 광주에 거주하고 있는 일본인 선발 팀 간의 야구 경기가 펼쳐지고 있었다. 8회말까지 광주고보는 1-0으로 일본인 선발 팀에 앞서고 있었다. 일본인 팀의 마지막 공격이 될 수 있는 9회초 2사 3루 상황에서 광주고보 투수가 3루 견제를 하기 위해 던진 공이 뒤로 빠졌다. 일본인 선수는 홈으로 맹렬히 돌진했다. 하지만 광주고보 3루수는 재빨리 공을 잡아 홈으로 던져 주자를 아웃시켰다.

경기는 이대로 끝났지만 조선인 팀에 당한 패배를 참지 못하는 일본인 팬이 한 명 있었다. 광주형무소 의무관으로 일했던 안도 쓰스무(安東進)였다. 그는 경기가 끝나는 순간 마운드로 달려가 조선인 투수와 몸싸움을 벌였다. 야구를 좋아했던 안도는 조선인에 대한 차별 의식이 매우 강했다. 그 오만한 태도 때문에 광주 사람들에게 악명 높은 일본인이었다.

안도와 조선인 투수와의 몸싸움으로 시작된 사건은 급기야 광주고보 조선인 응원단과 일본인 관중들 간의 싸움으로 이어져 경기장은 아수라장으로 변했다. 일제 경찰들이 경기장으로

들어와 사태는 수습됐다. 하지만 안도는 자신의 이마에 난 상처에 야구화 스파이크 자국이 있다며 광주고보 선수들을 가해자로 지목했고, 그날 경기에 출전한 광주고보 선수들은 모두 경찰서에 구속됐다. 광주고보 학생들은 경찰서로 몰려가 구속된 야구 선수들의 석방을 주장했지만 받아들여지지 않았다.

울분을 참지 못한 광주고보 학생들은 동맹 휴학으로 저항했다. 선수들이 석방되기까지 3개월 동안 이어진 이 야구 동맹 휴학으로 광주고보 학생 4명은 퇴학당해야 했다.[67] 식민지 조선 사회에서 유례를 찾을 수 없는 사상 초유의 야구 동맹 휴학은 광주고보에서 6년 뒤 벌어질 광주학생운동의 서막이었다.

---

67   광주고보, 서중 일고 육십이년사, 81-92.

8

조선 야구 엘리트의
'먹고사니즘'

조선의 야구 엘리트들은 일제 강점기에 떳떳하게 살기 어려웠다. 선수 생활을 계속하기 위해서는 일본인이 만든 성인 야구 팀에서 뛰어야 했기 때문이다. 이는 식민 시대에 조선 야구 선수들이 피할 수 없는 문제였다. 중등학교를 졸업한 조선의 야구 선수들은 대부분 야구부가 있는 상급 학교인 연희전문학교에 진학하거나, 자신이 졸업한 중등학교의 OB 팀을 조직해 활동했다. 하지만 이것으로는 생계가 해결될 수 없었다. 결국 이들이 야구로 먹고사는 문제를 해결하려면 철도국, 은행, 체신국과 각 지역 관청에서 일본인이 만든 야구 팀에 들어가야 했다. 1926년 조선 최고의 축구 선수들을 끌어모아 7,000원이라는 거액을 들여 일본 원정 경기까지 펼쳤던 조선축구단과 같이 조선인이 후원하는 야구단은 찾기 어

려웠다.[68]

그러니 야구에 재능이 있는 조선의 야구 선수들은 회사원 겸 선수로 일본 직장 야구 팀에서 활약해야만 했다. 아예 일본 프로 야구 선수로 활약했던 조선 야구 선수들도 있었다. 이들이 일본 직장 야구 팀과 프로 야구 팀에 입단한 이유는 생계 문제 해결과 함께 야구로 명성을 얻고 싶었기 때문이었다. 이들에 대한 당대 조선인들의 평가는 좋지 않았다. 일본에 의존해 야구로 돈을 번다는 이유였다. 하지만 조선인들은 경제적으로 궁핍했던 일제 강점기에 야구 실력만 있으면 먹고사는 문제를 해결할 수 있다는 점을 속으로는 부러워했을지도 모른다.

조선처럼 일본의 식민지 타이완의 야구 선수들도 일본에 의존해 생계를 해결하는 게 일반적이었다. 타이완에서 이름난 야구 선수들이 학교를 졸업한 뒤 야구 특기를 살려 취직할 수 있는 대표적인 곳은 일본인이 경영했던 제당 회사와 일본 프로 야구 팀이었다. 자이농림 야구부원들의 목표도 제당 회사 입사였다. 그들 중 한 명은 수기를 통해 이런 말을 남겼다.

"제당 회사에 입사해 10년만 일하면 퇴직금으로 만 엔을 받을 수 있다는 말이 있었습니다. 당시 집을 짓는 데 2,000엔 정도가 들었습니다. 만 엔을 목표로 제당 회사에 들어가려는 사람들이

---

68   이의재, 한국축구인물사 I, 서울: 예성 퍼블리싱, 24-25.

많았다고 들었습니다. 상황이 그랬기에 자이농린에서 제당 회사라는 코스를 통해 들어가는 사람들이 대부분이었습니다. 특히 야구 선수는 채용되는 비율이 높았습니다."[69]

드물기는 했지만 식민지 시대에 일본 프로 야구 팀에 입단한 타이완 선수도 있었다. 1931년 자이농린의 고시엔 대회 준우승을 이끌었던 에이스 투수 우밍지에(吳明捷, 1916~1987)는 이후 일본 프로 야구에 진출해 1995년 타이완인으로는 최초로 일본 프로 야구 명예의 전당에 헌액됐다.[70]

하지만 최초로 일본 프로 야구 팀에 입단한 외국인은 조선인이었다. 1920년 도쿄 시바우라 지역에서 만들어진 이 팀의 명칭은 일본운동협회였다. 와세다대학교 야구부 출신 선수들이 주도해 만든 이 팀의 설립 목적은 야구 종주국 미국을 제압하는 것이었다.[71] 일본운동협회는 시바우라에 홈 경기장을 직접 운영하는 등 야심 찬 출발을 했지만 대중들에게 큰 인기를 얻지 못했다. 일본인들이 돈을 받는 대가로 야구를 하는 직업 야구를 탐탁지 않게 생각했기 때문이었다. 그래서 이 팀은 조선과 만주 지역에서 원정 경기를 자주 치렀다. 1922년 일본운

69   플레이볼, 135-136.

70   野球體育博物館(2012), 野球殿堂 2012, 東京: ベースボールマガジン社, 121.

71   A. Guttmann and L. Thompson (2001). *Japanese Sports: A History*, *Hawaii*: Honolulu University Press, 135.

동협회는 조선에서 경기를 펼칠 때 보성고보 출신의 야구 선수 손효준을 입단시켰다. 조선인 최초의 일본 프로 야구 선수가 된 손효준은 아이러니하게도 민족 대표 33인 중 한 명으로 3·1 운동을 주도했던 손병희와 같은 집안 사람이었다. 손효준은 1921년 제2회 전조선야구대회에서 한국 야구사 최초의 홈런을 기록한 강타자였다.[72] 당시 그는 천도교 교주 손병희의 재종손답게 그의 친동생 손희운과 천도교청년회 팀의 일원으로 활약했다. 하지만 손병희의 친척이라는 점 때문에 그는 프로 야구 선수로 생활을 하는 데 어려움을 겪었다. 손효준은 팀에서 4번 타자가 될 정도로 타격 재능이 뛰어난 선수였지만 친척이 독립운동가라는 이유로 일본 고등 경찰 형사가 그의 뒤를 항상 미행했다.[73]

손효준이 활약하던 일본운동협회는 1923년 갑자기 해산됐다. 이해에 일어난 간토(關東)대지진으로 일본운동협회의 홈구장이 폐허가 됐기 때문이었다. 이후 일본운동협회는 간사이(關西) 지역으로 옮겨 다카라즈카(寶塚)라는 이름으로 새롭게 출발했다. '야구로 밥벌이를 할 수 있는 팀'을 모토로 창단한 다카라즈카는 한큐 전철이 모기업이었다. 한큐 전철의 설립자 고바야시 이치조(小林一三, 1873~1957)는 자신의 철도 사업에

---

72   중앙일보, 1980. 9. 12.
73   帝國日本と朝鮮野球 257

야구 팀이 도움이 될 것으로 내다봤다. 그는 한큐 철도가 지나는 다카라즈카를 사람들로 붐비는 지역으로 만들기 위해 야구 팀을 창단했다.[74] 다카라즈카 야구 팀은 한큐 전철이 온천 관광지로 이름난 다카라즈카에 1913년에 가극단을 창단한 이후 추진된 또 하나의 흥행 사업이었다.

다카라즈카 팀 입단은 야구 선수에게 좁은 문이었다. 1924년에는 70명의 신수가 응모해 2명 만이 다카라즈카 유니폼을 입었다. 그런데 1925년에는 조선 선수들이 다수 입단했다. 1923년 휘문고보를 고시엔 대회 8강으로 이끈 김정식, 정인규와 배재고보 출신의 함용화가 그 주인공이다. 이후에도 조선인 선수 3명이 추가로 다카라즈카에 입단했다. 그중에는 백효득도 있었다. 백효득은 일본 히로시마중학에서 야구를 시작해 다카라즈카를 거쳐 기타규슈시(市)에 있는 야구 명문 팀 야하타 제철소(현 신일본주금)에서 포수로 활약했다.[75]

다카라즈카의 조선인 선수들은 비교적 많은 돈을 받으면서 야구 선수 생활을 이어 갈 수 있어서 조선의 학생 야구 선수들 사이에서 선망의 대상이었다. 1925년 다카라즈카가 조선 중등학교 선발 팀과 경기를 펼칠 때 다카라즈카의 조선인 선수들에 대한 대중의 관심은 지대했다. 〈조선일보〉는 "다카라즈

---

74   野球殿堂, 2012. 26.
75   조선일보, 1966. 2. 10.

1925년 6월 29일 〈조선일보〉에 보도된
다카라즈카의 조선인 선수.
왼쪽으로부터 김정식, 손효준, 정인규, 함용화.
ⓒ조선일보

카 야구군(軍)이라면 일본에서도 유수한 강군이다. 그중에서
활약하는 조선인 선수 4명은 모다 조선 운동계를 위하야 만장
의 기염을 토하고 있다."라고 논평했다.[76] 하지만 다카라즈카
의 조선인 선수들은 '야구는 일본의 스포츠'라고 생각했던 민
족주의자들에게는 손가락질을 받아야 했다.

다카라즈카는 일본운동협회와 마찬가지로 일본에서 큰 인
기를 끌지 못했다. 급기야 1929년 미국발 경제 공황이 발생하자
한큐 전철은 다카라즈카 팀의 운영을 포기했고, 손효준을 비롯한
조선 선수들은 졸지에 실업자가 됐다. 다카라즈카 타선의 핵심
선수였던 손효준은 팀이 해체된 뒤 일본의 영화사에서 일자리
를 찾았고, 이후에는 만주전업 야구 팀에서 단장을 역임했다.[77]

다카라즈카는 역사 속으로 사라졌지만 1936년 일본 프로
야구가 출범했다. 다카라즈카 팀을 운영했던 한큐도 한큐군
(현 오릭스 버펄로스)이란 팀을 재창단했다. 7개 팀으로 출발한 일
본 프로 야구 팀의 모기업은 모두 신문사와 철도 회사였다. 프
로 야구가 모기업의 경영에 도움이 될 것이라는 믿음이 있었
다. 이때 일본 프로 야구를 대표하는 대일본동경야구구락부
(현 요미우리 자이언츠)와 오사카 타이거즈(현 한신 타이거즈)도 창단
됐다. 그중에서도 〈요미우리 신문〉이 모기업인 도쿄 자이언츠

---

76   조선일보, 1925. 6. 29.
77   조선일보, 1929. 12. 13; 경향신문, 1955. 11. 25.

는 일본 프로 야구 발족에 선도적 역할을 했다.

　조선인 이영민은 이 팀의 창단 멤버가 될 뻔했다. 이영민은 당시 조선을 대표하는 야구 선수였다. 이영민은 1933년 전(全) 경성 팀의 일원으로 전일본도시대항야구대회에 참가해 팀을 준우승으로 이끌었다. 그는 이듬해 베이브 루스와 루 게릭 등이 포함돼 있는 메이저 리그 올스타 팀과의 친선 경기를 앞두고 일본 대표 선수로 선발됐다. 그해에 이영민은 일본 최초의 프로 야구 팀 대일본동경야구구락부(요미우리 자이언츠의 전신)로부터 스카우트 제의를 받았다. 팀의 감독이었던 미야케 다이스케(三宅大輔, 1893~1978)는 이영민을 영입하기 위해 경성으로 직접 찾아왔다. 당시 조선의 신문은 이 사실을 대대적으로 보도했다. 조선 야구계의 최고 선수가 일본에 진출할 수 있기 때문이었다.

　〈동아일보〉는 '조선 구계(球界) 기린아 이영민 직업 선수로 전환설?'이라는 제목으로 이를 보도했다. 조선의 스포츠 기사를 통틀어 이 기사가 제목에 물음표를 붙인 최초의 기사였을 정도로 세간의 관심이 집중됐다. 하지만 〈동아일보〉는 이영민이 일본 프로 야구 팀의 제안을 받아들이지 않을 것으로 전망했고, 실제로 이영민도 이 제안을 거절했다.[78]

78　동아일보 1934. 7. 17.

1934년 미국 메이저리그 올스타 팀과 전일본선발 팀 경기에서 만난
베이브 루스(왼쪽)와 이영민(오른쪽).
©일본 야구전당박물관

이영민은 도대체 왜 이 제안을 거절했을까. 이영민은 대구에서 전학을 와 배재고보에 다닐 때 생활이 어려웠다. 하숙비를 내기도 벅차 진학은 꿈도 꾸지 못했다. 하지만 그의 재능을 아깝게 생각한 연희전문학교의 유억겸 학감이 그의 입학금을 부담해 연희전문학교에 입학할 수 있었다.

그가 연희전문학교를 졸업할 때 야구 스타 이영민을 데려가기 위해 일본 팀들은 스카우트 경쟁을 했다. 그가 선택한 팀은 식산은행(산업은행 전신) 야구부였다. 식산은행은 일제 강점기 조선의 산업 정책을 쥐락펴락했던 기관으로 조선 총독부 산미증식 계획의 자금줄이 됐으며, 중일 전쟁 이후 채권 발행으로 조선 자금을 흡수해 일본의 전시 체제를 돕는 첨병이었다. 당연히 식산은행은 이 시기에 많은 월급을 주는 회사였다. 1936년 식산은행에 입사한 태완선 전 경제기획원 장관(1915~1988)에 따르면, 고참급 군수의 월급이 60원이었고, 요릿집에서 하루 실컷 술을 마셔도 10원이었던 시대에 식산은행 초봉은 96원이나 됐다.[79] 이영민이 식산은행에서 정확히 월급을 얼마나 받았는지 알 수는 없지만, 그가 조선에서 가장 많은 월급을 받는 야구 선수임은 분명했다.

더욱이 그는, 구한말 인삼 무역으로 떼돈을 번 경성 갑부 이

---

79 동아일보, 1976. 8. 30.

지성의 딸이자 이화여전 정구 선수였던 이보패와 결혼해 풍족한 생활을 할 수 있었다.[80] 군이 미래가 불투명한 일본 프로 야구 팀에 입단해야 할 필요가 없었던 셈이다. 더욱이 일본 프로 야구 팀으로부터 입단 제의를 받았던 1934년에 그의 나이는 29세였다. 선수로는 서서히 은퇴를 고려할 나이였다. 그는 1937년 초에 은퇴했고, 식산은행 예금과를 거쳐 총무부장의 직위까지 올랐다.

조선의 야구 선수들이 모두 이영민과 같은 선택을 할 수 있는 것은 아니었다. 그들은 생계를 위해 또는 야구 선수로 성공하기 위해 일본 프로 야구 팀으로 향했다. 박현명도 그중 한 명이었다. 평양고보를 졸업한 박현명은 평양실업에서 선수 생활을 이어 갔다. 평양실업은 야구광이었던 일본인 평양시장의 후원으로 생겨난 팀으로 당시 이북 지역 최강 팀이었다. 1936년 도시대항야구대회 조선 지역 예선 결승전에서 박현명은 이영민과 마운드에서 맞대결을 펼치면서 전경성 타선을 7회까지 무실점으로 틀어막았다. 하지만 이후 타선이 폭발한 전경성이 우승을 차지했다.

이후 박현명은 평양실업을 떠나 경성의 체신국으로 팀을 옮겼고, 1938년 전경성의 일원으로 도시대항야구대회 본선에

---

80   조선일보, 2005. 1. 21.

올랐다. 전경성은 이영민이 활약했던 1933년 이후 처음으로
대회 준우승을 차지했고 여기에 박현명은 큰 공헌을 했다.[81]

일본 야구계의 관심을 집중시켰던 투수 박현명은 1938년
오사카 타이거즈에 입단했다. 그는 1936년 공식 출범했던 일
본 프로 야구 최초의 조선인 선수가 됐다. 하지만 그는 두 차
례 선발 등판한 뒤 부상 때문에 1939년 팀에서 방출되는 아픔
을 겪었다. 풍운아 박현명의 인생 역정은 여기서 끝나지 않았
다. 그는 한국 전쟁 시기 월북했고 오랫동안 한국에서 잊혀진
인물이 됐다.

일본 유학파 중에서도 프로 야구 선수가 된 인물이 있다. 전
북 진안에서 인삼 재배를 했던 부농 집안에서 태어난 김영조
의 경우가 그렇다. 김영조의 부모님은 아들을 큰 인물로 만들
기 위해 인삼밭을 팔고 일본으로 떠났다. 그의 부모님은 아들
을 명문 와세다대학교에 입학시키려는 마음에 와세다대학교
부근에 음식점까지 차렸을 정도로 교육열이 남달랐다.[82] 김영
조는 부모님의 희망대로 와세다대학교 전문부 법과에 입학했
다. 이미 중학 시절부터 야구에 재능이 많았던 김영조는 와세
다대학교 야구부에 들어가 조선인으로는 이례적으로 주장까
지 맡았다. 그는 제2차 세계 대전이 펼쳐지던 1944년 일본 프

---

81   帝國日本と朝鮮野球, 280-282.

82   大島裕史(2006), 韓國野球の源流, 東京, 新幹社, 18.

로 야구 아사히 팀에 입단했다. 그의 월급은 200원이었는데, 이는 일본 대졸자들의 초봉보다 약 두 배 이상 많은 금액이었다. 미국의 일본 공습이 격화되는 상황에 펼쳐졌던 일본 프로 야구는 혼란스러웠다. 도박단에 의해 승부 조작이 펼쳐지는 경우도 많았다. 김영조의 프로 야구 선수 생활이 5개월에 그친 이유였다.[83]

식민지 조선의 야구는 이처럼 일본에 의존적이었다. 일제 강점기 야구를 후원하는 경제 권력의 주체는 거의 모두 일본인이었고, 조선의 야구 엘리트들이 선수 생활을 지속하기 위해서는 무조건 일본 팀에서 뛰어야 했다. 조선인이 만든 대회에 조선인으로 구성된 성인 팀이 출전하는 경우는 매우 제한적이었다. 물론 최고 수준의 실력을 가지고 있는 조선인 선수는 은행이나 공기업에 취직해 넉넉한 생활을 할 수 있었다. 하지만 '일본 팀'에서 야구를 했던 조선 야구 선수들에 대한 조선 민중의 시선은 차가웠다. 경제적인 측면만 고려하면 이들은 부러움의 대상이었을지는 몰라도, 민족의 스포츠 영웅으로 치켜세울 만한 대상은 절대 아니었다. 오히려 이들은 비난의 대상이었다.

그래서 조선 야구인들은 해방 이후 다른 종목의 선수들보다

---

83   중앙일보, 1980. 9. 5.

훨씬 더 적극적으로 한국 야구 재건을 위해 전면에 나섰다. 야구가 '일본 스포츠'라는 꼬리표를 떼는 미군정 시기부터 이들의 활약이 눈부시게 전개됐던 이유다. 일본의 영향력에서 자유로워진 조선의 야구 엘리트들에게 해방은 커다란 전환점이었다. 하지만 일제 강점기에 만들어진 야구 전통은 해방 후에도 지속됐다. 이미 일제 강점기 때부터 야구부를 운영했던 인문계 명문교와 상업학교는 해방 공간의 학원 야구를 이끌었다. 일제 강점기 때 명문교를 졸업한 사회 지도층 인사들도 해방 이후 야구 대회 개최와 후원에 관심을 보였다. 야구는 한국의 엘리트가 보살펴 주는 스포츠였고, 이들이 믿고 기댈 언덕은 미군정이었다.

PART II

해방 공간을 파고든 야구

1

야큐(やきゅう)는 어떻게
베이스볼(baseball)이 되었나?

미군정 시기 한국의 엘리트들에게 가장 중요한 능력은 영어였다. 모든 문제는 미군정청과 협력해야 했고, 영어를 할 수 있는 엘리트들의 가치는 상승했다. 야구도 마찬가지였다. 한국 야구는 남한에 주둔해 있는 미군과의 교류를 통해 해방 후 기지개를 펼 수 있었다. 이 와중에 미군과의 원활한 의사소통을 기반으로 한 긴밀한 협력 관계는 필수적인 요소였다.

미군과의 야구 교류로 촉발된 각종 야구 대회 개최는 대중들이 야구를 바라보는 시각을 변화시켰다. 이런 대회에 일본인은 더 이상 없었다. 이제 한국에서 야구는 일본인의 스포츠가 아닌 한국인의 스포츠였다. 일제 강점기 시절 일본 스포츠를 즐긴다는 비난을 받았던 한국 야구인도 자유를 얻었다. 해방 후 한국의 스포츠 지형이 결정되는 순간, 야구는 중요한 고지를 선점했다. 이는 야구가 미국의 국기(National Pastime)가 아니었다면 이뤄질 수 없는 일이었다.

오랫동안 야구는 미국을 상징하는 스포츠이자 국기로 군림해 왔다. 그 증거 중 하나는 제2차 세계 대전 중에도 미국 프로 야구 메이저 리그(MLB)가 중단되지 않았다는 사실이다. 1942년 1월 케네소 랜디스(1886~1944) MLB 커미셔너는 프랭클린 루스벨트(1882~1945) 대통령에게 프로 야구 시즌 개막 여부에 대한 질문 내용이 담긴 편지를 보냈다. 루스벨트 대통령은 이틀 뒤 야구는 계속돼야 한다는 취지의 답장을 랜디스 커미셔너에게 보냈다.

루스벨트가 개인적으로 야구를 얼마나 좋아했는지는 모르지만 그는 전쟁 중에도 야구가 미국인들에게 필요한 이유를 다음과 같이 밝혔다. "난 솔직히 야구를 계속하는 게 이 나라를 위해 최선이라고 느낍니다. 그래야 (야구 산업에 종사하는) 실업자도 줄어들 것입니다. (전쟁 중에) 모든 사람들은 과거에 비해서 훨씬 더 힘든 일을 오랫동안 해야 할 겁니다. 이건 그들에게 과거 그 어느 시기보다 일에서 벗어나 여가를 즐길 수 있는 기회가 있어야 한다는 의미이기도 합니다"[1]. 스타 선수들의 입대와 공습 위험 때문에 야간 경기도 할 수 없었던 전쟁

---

1   G. Vecsey(2006). *Baseball: A History of America's Favorite Game*. NY: Modern Library, 109.

상황에도 불구하고 MLB가 계속된 이유였다.

1945년부터 1952년까지 일본을 지배했던 연합군 최고사령부의 더글러스 맥아더(1880~1964) 장군도 패전국 일본이 야구를 재개할 수 있도록 도왔다. 그는 제2차 세계 대전 이전에 일본에서 야구가 얼마나 인기 있는 스포츠였는지 잘 알고 있었다. 더욱이 그는 야구가 선수들에게 민주적인 가치를 심어 줄수 있다고 믿었다. 야구라는 스포츠에 민주적인 가치가 얼마나 내재돼 있는지는 잘 모르겠다. 하지만 맥아더가 미국인이 사랑하는 야구를 민주적인 스포츠로 봤던 것만은 분명해 보

더글러스 맥아더 장군은 야구가 일본 사회에 '민주적 가치'를 심어 줄 수 있다고 보고, 일본에서 야구가 재개되는 것을 허락했다. ⓒGettyimages

인다. 맥아더의 생각을 고시엔 야구 대회 주최사인 〈아사히 신문〉도 간파하고 있었을까. 〈아사히 신문〉은 1946년 1월, "야구는 (일본에서) 민주적 정신의 발전에 공헌할 것이다."라며 일본에서 야구가 재개돼야 할 당위성을 내세웠다. 전후 야구를 둘러싼 일본과 미국 사이에 공감대가 형성되면서 일본 프로 야구와 고시엔 야구 대회는 1946년에 재개될 수 있었다.[2]

일본의 야구가 다시 기지개를 펴는 시점에 한국 야구도 새로운 전환점을 맞이했다. 1946년 한국에서는 각종 야구 대회가 개최됐다. 일제 강점기에 '일본의 스포츠'로 전락해 대중화에 실패했던 한국 야구는 미군정 시기에 주체적인 활동을 할 수 있었다. 가장 눈에 띄는 부분은 조선야구협회의 창설이었다. 일제 강점기 조선에서는 야구협회가 존재하지 않았다. 협회가 없다 보니 각종 야구 대회를 개최하는 것도 쉽지 않았다. 조선체육회가 주최한 전조선야구대회가 있기는 했지만, 참가 팀 숫자가 적은 소규모 대회에 불과했다. 1933년 조선축구협회가 창립돼 조선인의 힘으로 많은 대회를 개최할 수 있었던 축구와는 완전히 다른 상황이었다.

해방을 맞이한 야구인들이 미군정 시기에 그 어떤 스포츠 종목의 인사들보다 적극적으로 활동했던 이유는 야구에 붙어

---

2   *Japanese Sports: A History.* 163-164.

있는 '일본의 스포츠'라는 꼬리표를 떼어 내고 싶었기 때문이다. 하지만 해방 공간에서 한국 야구가 주체적인 활동을 하기 위해서는 조력자가 필요했다. 미군정기의 경제 상황은 일제 강점기보다 훨씬 열악했다. 쌀과 같은 생활 필수품, 각종 물자, 전기, 연료 등은 턱없이 부족했고, 가격도 지속적으로 폭등해 실업자와 빈민 들도 매우 많았다. 장비를 구입해 야구 팀을 만드는 것은 사치스러운 일이었다. 일제 강점기처럼 미군정기도 경제적으로 궁핍한 상황 때문에 야구를 하기에 어려운 시기였다.

다행스럽게도 한국에 주둔하고 있던 미군은 휴식 시간에 야구를 즐겼다. 사람들은 미군의 야구 경기를 신기한 눈으로 바라보면서 미군이 버리고 간 배트나 야구공을 챙겼다. 쌀 한 되 가격이 185원이던 당시 야구공 1개의 가격은 250원이었다. 한국의 야구인들도 이 상황을 모를 리 없었다. 한국 야구 활성화를 위해서는 미군의 도움이 절실했다.

한국 야구는 미군과 긴밀한 소통을 통해 지원을 이끌어 냈고, 이는 각종 야구 대회를 창설할 수 있는 토대가 됐다. 한국 야구는 어떻게 미군의 도움을 받을 수 있었을까. 또한 왜 미군은 한국 야구의 요청을 받아들였을까. 이를 살펴보기 위해서는 미군정기가 영어의 시대였으며, 다른 한편으로 퇴폐와 향락 문화의 전성기였다는 점을 먼저 이해할 필요가 있다.

미군정 시기 신문에는 영어가 범람했다. '이브닝 드레스',

'일류미네이션', '멜로디', '빼드' 등의 단어가 일상적인 기사에 빼곡하게 들어가기 시작했다.[3] 한국에 있던 19개 사범 학교와 2개의 사범 대학은 미국에서 발행한 참고서를 사용했다. 참고서 중에는 일반 사전, 인명사전, 위인 전기 등이 대표적이었다.[4] 영어는 미군정 시기 한국 사회에서 성공의 잣대였다. 사회 각 분야에서 미군정 인사들과 영어로 대화할 수 있는 사람이 인정받는 시대였다.

이 중심에는 통역 정치가 있었다. 대표적 인물은 이묘묵(李卯默, 1902~1957)이다. 미국 유학파인 이묘묵은 38선 이남의 최고 통치자 존 하지(John Reed Hodge, 1893~1963) 미군정청 군정 사령관의 비서였다. 그는 한국에 대해 무지했던 하지 사령관을 위해 통역 업무를 했다. 그의 통역은 단순한 통역이 아니었다. 자신의 의견을 담아 한국의 유력 정치인들에 대한 평가도 곁들였다. 미군정의 중요한 정치적 결정은 이묘묵의 한마디에 좌지우지된다는 말이 나왔다. 그는 미군정 통치 3년 동안 하지의 귀와 입이었다. 당시 군정청에 출입했던 어느 기자는 "이묘묵은 남조선 땅덩어리의 반쯤에 해당되는 막강한 것"이라고 회고했을 정도였다.[5] 이묘묵 외에도 군정청에는 통역사들이

3　유필무(1999), 미군정기 남한사회의 '삶의 질'과 일상생활, 미군정기 한국의 사회 변동과 사회사 I, 서울:한림대학교 아시아문화연구소, 307.

4　조선일보, 1947. 1. 28.

5　조선일보, 1985. 2. 15.

통역사 이묘묵(왼쪽)과 존 하지 군정사령관(오른쪽). ⓒ미국 국립문서기록청

많았다. 이들은 영어 사전을 들고 통역과 번역 일에 매달리며
각종 이권 사업에 개입했다.

　한국 야구도 미군과 소통하기 위해서 영어에 능통한 사람
이 있어야 했다. 〈자유신문〉의 편집위원장이었던 이정순(李貞
淳, 1908~1950년 납북)이 바로 그런 야구계 인사였다. 그는 뛰어
난 영어 실력 덕분에 미군정청 출입 기자단의 간사 역할을 했
고, 1948년 정부가 출범한 뒤 공보처 초대 공보국장으로 일했
다. 이정순은 당시 〈자유신문〉의 해방 1주년 기념 사업으로 야
구 대회를 구상하고 있었다. 이정순은 조선의 홈런왕 이영민
과 배재고등보통학교, 연희전문학교 동무이라 익제 강점기부

터 막역한 사이였다. 이들은 1945년 연말에 만나 한국 야구 발전을 위해 허심탄회하게 대화를 나눴고, 이 자리에서 조선야구협회 설립과 각종 야구 대회 창설 문제를 논의했다. 그중에는 미군과의 친선 야구 대회도 포함돼 있었다.

이정순은 미군과의 친선 야구 대회 개최 논의를 하기 위해 미 제24군단 정훈부의 레크리에이션 담당인 잉거프리센 소령을 만나야 했다. 잉거프리센 소령은 이정순의 야구 대회 개최 제안에 반색했다. 그는 야구광이기도 했지만, 야구 대회가 미군에게 가져다 줄 효과에 관심이 더 컸다.

당시 미군 내에서 가장 큰 문제는 장병들의 화류병(성병)이었다. 미군 4명 중 1명이 화류병 환자였을 정도로 이 문제는 심각했다. 1946년 화류병이 미군 사이에 대유행하자, 미군정청은 부녀자가 주둔 군인을 성적으로 유혹하는 것을 범죄 행위로 간주했다.[6] 이런 화류병의 유행은 요정, 카바레, 댄스홀, 유곽이 번성했던 미군정기의 시대적 특징과 맥이 닿아 있었다. 1946년 봄 서울 시내 기생 238명을 검진한 결과, 무려 90퍼센트가 만성 임질 보균자였을 정도였다.[7]

미군의 기강 해이는 어쩌면 예견됐던 문제였다. 제2차 세계대전을 치르고 오키나와를 거쳐 한반도 이남에 주둔하게 된

---

6   동아일보, 1946. 6. 3.
7   동아일보, 1946. 3. 18.

미군 병사들은 신체적, 정신적 피로감 때문에 모두 고향으로 돌아가고 싶어 했다. 자연스럽게 군대의 사기도 떨어질 대로 떨어져 있었다. 미군 장교들은 이 같은 기강 해이와 사기 저하를 해소하기 위한 방안을 찾아야 했다. 잉거프리센 소령이 한국과의 친선 야구 대회 개최를 긍정적으로 본 이유였다.

잉거프리센 소령은 곧 한국과의 친선 야구 대회를 추진했다. 그의 결정이 미군의 사기 진작에 얼마나 영향을 줬는지는 모르지만, 한국 야구에는 엄청난 동기 부여가 됐다. 잉거프리센 소령은 한국과의 야구 경기에 자신감이 대단했다. 그래서 한국이 24군단과의 경기에서 단 1점이라도 낸다면, 공 10다스(120개)를 주겠다고 했다. 그는 한 발 더 나아가 한국이 이 경기에서 승리하면, 배트 50개와 공 50다스를 주겠다고 약속했다.[8]

한국은 미군과의 경기를 위해 최초로 야구 대표팀을 구성했다. 결과는 3-4 패배였다. 아쉬운 석패였지만 중요한 것은 미군으로부터 야구공 30다스를 받게 됐다는 점이었다. 한국이 기록한 3점은 해방 후 최초의 학생 야구 제전인 청룡기 대회를 개최할 수 있는 원동력이 됐다. 청룡기 대회를 주최했던 〈자유신문〉은 이 대회를 앞두고 경비 마련을 위해 은행에서 대출을 받았다. 당시 대회 경비 10만 원을 빌리기 위해 주최

---

8   한국야구사, 411-413.

측이 내놓은 담보는 다름 아닌 야구공 30다스였다.[9] 이렇게 시작된 청룡기 중등학교야구대회는 한국이 최초로 세계야구연맹에 가입하게 되는 계기를 만들었다.

미군정의 주요 인사들은 야구 대회에 자주 참석해 시구와 축사를 했다. 미군정의 기본 목표는 일본으로부터 해방된 한국이 소련의 공산주의로부터 자유로운 환경 속에서 민주주의 국가 체제를 이루도록 돕는 것이었다. 이 과정에서 미군정은 자신들의 역할을 널리 홍보하고자 했다. 적산 기업인 조선영화사가 뉴스 영화인 〈해방뉴스〉에 미군과의 친선 야구 대회 등을 포함시킨 이유였다.

영화가 시작되기 전 막간을 이용해 상영된 〈해방뉴스〉는 미군정청의 허가를 얻어 제작됐으며, 이북은 물론 일본, 미국의 동포에게도 전달됐다. 이 영상을 보면 마치 '베이스볼'을 통해 한국 사회가 활기를 찾게 됐고, 여기에 미군정의 역할이 컸다는 점을 은근히 홍보하려는 느낌이 남아 있다. 영상의 주인공은 얼핏 보면 한국 야구 선수와 관중인 것 같지만, 실제 주인공은 선글라스를 낀 채 활짝 웃는 표정으로 관중석에서 시구를 하는 존 하지 중장이다.

〈해방뉴스〉에 등장한 친선 야구 대회 영상은 야구에 관심이

---

9   한국야구사, 414.

없는 서울 시민들도 볼 수 있었다. 해방 공간 미국 영화 상영관은 초만원이었을 정도로 영화 관람은 서울에서 상당히 인기 있는 여가였고, 〈해방뉴스〉는 영화관에서 반드시 틀어야 할 홍보 프로그램이었기 때문이다.[10]

사회적으로 매우 혼란스러웠던 해방 공간이었지만, 한국 야구는 이 시기에 진정한 개화기를 맞이했다. 이는 일제 강점기에 '일본 스포츠'로 치부됐던 야구를 대중적으로 확산시키려고 했던 야구인들의 노력과, 야구를 매개로 미군의 사기를 높이고 미국의 남한 통치를 긍정적으로 홍보하려는 미군정의 의도가 맞물려 있었기 때문에 가능한 일이었다.

---

10 미군정기 남한사회의 '삶의 질'과 일상생활 300-303

2

'학원 야구'의 열기와
야구 명문교의 등장

1970년대에 활짝 열렸던 고교 야구 시대는 미군정기에 창설된 청룡기 중등학교야구대회를 토대로 이뤄졌다. 일제 강점기 조선에서 최대의 학원 야구 제전은 〈오사카 아사히 신문〉이 주최했던 고시엔 대회 조선 예선전이었다. 광복 이후 야구계에서 우리의 손으로 야구 대회를 만들고자 하는 의욕에 불타 있을 때, 〈자유신문〉은 청룡기 대회를 창설했다. 이 대회는 해방 공간에 펼쳐졌던 야구 대회 가운데 가장 규모가 큰 대회였다.

1946년에 열린 제1회 청룡기 대회에는 무려 24개 중학교 팀이 출전했다. 〈자유신문〉이 되도록 많은 팀이 대회에 출전할 수 있도록 참가 신청을 한 팀에 모두 대회 출전권을 줬기 때문이었다. 지역 명문교들은 속속 대회 참가 신청을 했다. 일제 강점기 일본 학교와 소수의 조선 학교 학생들만 즐겼던 야구는 질시의 대상이기는 했지만, 다른 한편으로는 부러움의 대상이었다. 그래서인지 이 대회에는 일제 강점기에 야구의 전통이 없던 신흥 명문 학교도 참가했다. 이를 계기로 야구를 즐기는 엘리트 학생들의 숫자는 확대됐다.

하지만 24개 팀의 대회 참가는 운영비 측면에서 매우 부담스러웠다. 미군에게 받은 야구공을 담보로 은행에서 10만 원을 어렵게 대출을 받아 대회 운영비로 충당하려고 했던 〈자유신문〉은 참가 학교가 예상보다 많아지자 대회 기간 동안 모든 비용을 참가 학교가 부담하도록 했다. 〈자유신문〉이 참가 학교를 위해 지원한 것은 지방 팀에 한해 17명의 편도 기차표를 제공한 것뿐이었다.[11]

대회 일정도 조정이 불가피했다. 5일간 대회를 진행하려고 했던 〈자유신문〉은 대회 일정을 7일로 늘려야 했다. 모두 23경기를 7일 동안 치러야 하는 관계로 경기는 오전 9시부터 시작해야 했다.[12] 야간 경기를 위한 조명탑 시설이 없었던 상황에서 하루에 3경기 이상을 소화하기 위해서는 어쩔 수 없는 선택이었다.

빠듯한 예산으로 대회를 개최해야 했던 〈자유신문〉은 1947년 2회 대회부터 지역 예선전을 도입했다. 2회 대회는 9개 팀

---

11   자유신문, 1946. 8. 5.
12   자유신문, 1946. 9. 14.

으로 참가 팀이 줄었고, 대회도 5일 동안 펼쳐졌다.[13]

어려운 경제 사정 속에서 〈자유신문〉이 청룡기 대회를 개최한 이유는 이 신문사의 주요 인물이 야구에 관심이 많았기 때문이었다. 1945년 타블로이드 2면짜리 일간지로 〈자유신문〉을 창간한 사장 정인익은 일본 유학을 경험했던 기자 출신으로, 특히 야구를 좋아했던 것으로 알려져 있다. 또한 편집위원장이었던 이정순은 배재고보 출신으로 일제 강점기에 〈조선중앙일보〉에서 사회부 기자로 야구와 스포츠 기사를 썼으며, 초대 조선야구협회 이사직을 맡기도 했다. 그는 배재고보 동문이었던 이영민, 〈자유신문〉의 스포츠 기자 금철과 함께 청룡기 대회를 포함해 각종 야구 대회 개최를 추진했다.[14]

〈자유신문〉이 중등학교가 출전하는 청룡기 대회를 창설한 취지는 해방 이후 한국의 미래를 짊어져야 할 젊은 학생들의 씩씩한 기개를 야구를 통해 발전시키자는 것이었다. 대회 우승기의 명칭을 청룡기로 정한 것도 의미가 있었다. 이 대회가 중등학교 대회라는 점에 착안해 어린 선수들의 등용문이 돼야 한다는 의미였다. 실제로 청룡기 대회는 향후 한국 야구를 이끌어 갈 수많은 야구 스타들의 등용문이 됐다.

하지만 해방 공간의 청룡기 대회가 가지는 가장 중요한 의

---

13   자유신문. 1947. 6. 4.
14   국응주(1976), 운명의 9회말: 고교야구 영광의 드라마, 서울: 한길사, 99-101.

미는 야구가 명문 학교의 스포츠라는 사실을 각인시켰다는 점이다. 청룡기 1회 대회에는 서울을 대표하는 명문 공립 중학교인 경기중학, 경복중학, 경성중학, 경동중학과 명문 사립 중학교인 휘문중학, 배재중학, 양정중학은 물론, 지역 명문교인 부산의 경남중학, 광주서중(광주일고의 전신)과 전주북중(전주고의 전신)도 참가했다. 일제 강점기 고시엔 대회 본선에 진출했던 전통의 선린상업, 인천상업과 함께 또 다른 명문 상업학교인 부산상업도 참가했다. 대회에 참가한 학교들은 이처럼 향후 한국 사회를 이끌어 나갈 엘리트의 산실이었다.

명문 학교들이 야구 대회에 다수 출전한 이유에는 일제 강점기 시절의 전통을 빼놓을 수 없다. 제1회 청룡기 대회에 출전한 학교 가운데 상당수는 일제 강점기에 야구부가 존재했던 학교였다. 그중에는 조선인이 야구부를 이끌었던 사립 학교도 있었지만, 주로 일본인에 의해 야구부가 만들어졌던 공립 학교가 많았다. 이 학교들에서는 광복 후 새롭게 야구부를 재건하는 경우가 많았다. 일본의 영향력에서 벗어나 한국인의 힘으로 야구를 해 보고자 하는 의식이 컸기 때문이다.

하지만 일본의 영향력은 아직 남아 있었다. 일제 강점기 때 일본인이 야구부를 만든 학교에는 야구를 할 수 있는 운동장이 잘 정비돼 있었고, 일본인들이 남기고 간 야구용품이 남아 있는 경우도 있었다. 더욱이 이 시기 중등학교 야구 대회에 참가한 팀의 감독들 중에는 고시엔 대회에 출전했던 인물이나 일본 유학파들이 다수 포함돼 있었다.

1905년 일본인 교사가 주도해 조선 학교로는 최초로 야구부를 만들었던 경성 제1고보(해방 후 경기중학으로 변경)는 해방 후에 가장 먼저 야구부 활동을 재개했다. 일제 강점기 때 수재들만 갈 수 있었던 최고의 교육 기관 경기중학은 미군과의 친선 야구 대회에 한국 대표팀의 일원으로 출전했던 오윤환을 코치로 영입해 제1회 청룡기 대회가 펼쳐지기 한 달 전부터 합숙 훈련을 실시했다.[15] 해방 공간에서 경기중학은 야구에 진심이었다. 1947년 경기중학은 청룡기 대회 결승전에서 패하자 인천 동산중학의 에이스 투수였던 박현식을 스카우트했을 정도였다.[16]

서울중학도 광복 이후 일찌감치 야구부를 부활시켜 매일 용산중학 야구장에서 훈련했다. 일제 강점기 시절 일본인 학교로 고시엔 대회 본선에 5회나 진출했던 야구 명문 경성중학은 1946년 한국인 학교 경성중학으로 재탄생했고, 이듬해 서울중학으로 교명을 변경했다.

전북과 전남 지역의 최고 명문 학교였던 전주북중과 광주서중에서도 해방 이후 야구 열기가 거세게 불었다. 전주북중은 일제 강점기 당시 와세다대학교 야구부 주장을 거쳐 일본 프로 야구 팀 아사히에서 잠시 활약했던 김영조를 감독으로 데려와 청

---

15   자유신문, 1946. 8. 10.
16   종횡무진 인천야구, 405.

룡기 대회에 참가했으며, 일제 강점기 때 야구 동맹 휴학과 광주학생운동을 일으켰던 광주고보의 후신인 광주서중은 1949년 청룡기 대회 우승을 차지했다.

일본에 의해 만들어진 명문 학교의 야구 전통은 해방 후 미군과의 교류를 통해 한층 더 깊어졌다. 일제 강점기 때 고시엔 대회 본선에 3회나 진출했던 인천상업의 교정에는 해방 이후 미군 부대가 주둔하고 있었다. 인천상업 선수들은 미군들과 직접 경기를 했고, 미군들끼리 하는 야구 경기도 보면서 야구에 대한 안목을 높였다. 인천상업 선수들은 간혹 미군들과 경기를 하는 날이면 배트, 글러브와 야구공을 얻을 수 있었다. 당시 인천상업의 감독은 김선웅이었는데, 그는 1936년 인천상업 야구부의 일원으로 고시엔 대회 본선에 출전했던 인물이었다. 이렇게 일제 강점기의 야구 유산과 미군정 시기 야구를 즐겼던 미군과의 접촉은 절묘하게 배합돼 해방 공간 한국 학원 야구의 자양분이 되었다.

일제 강점기 시절 야구 전통이 없었던 학교 중에도 해방 후 야구부를 창설해 대회에 출전한 경우가 있었다. 한국에서 현재까지 유일하게 대통령을 두 명(김영삼, 문재인)이나 배출한 명문교인 경남고(당시 경남중학)의 야구도 이때 기지개를 폈다.

해방 공간 경남중학 야구부의 유니폼에는 교명이 특이하게도 한글(ㄱㅕㅇㄴㅏㅁ)로 새겨져 있었다. 일제 강점기 시절에는 찾아볼 수 없는 한글 표기였다. 한국이 독립했다는 점을 이렇게 야구부 유니폼에서도 감지됐다. 일제 강점기 야구부 유니폼에는 영어로 교명이 새겨져 있는 경우가 많았다. 휘문고보는 'W', 배재고보는 'PAICHAI' 같은 식이었다. 심지어 학교 이름의 일본어 발음을 영어로 쓴 학교도 있었다. 선린상업의 일본어 발음 '젠린(ZENRIN)'이나, 대구상업의 일본어 발음 '다이쿠(TAIKU)'가 대표적이었다.

해방과 함께 태어난 경남중학 야구는 청룡기 대회에서 3연패(1946~1948)를 기록하면서 빛을 발했다. 2011년 5월에 발행된 경남중고등학교 동창회보에는 경남중의 야구가 일제 강점기 때 경남 삼천포에서 만석꾼의 아들로 태어나 동래고보를 거쳐 와세다대학교에서 야구 선수로 활약했던 장종기에 의해 시작됐다는 점을 언급했다.

당시 경남중학 안용백 교장에게는 고민이 있었다. 경남중학의 전신인 부산 제2중학은 조선인과 일본인이 같이 다녔던 학교였다. 하지만 해방 이후 일본인 학생들이 일본으로 돌아가는 바람에 학생 수가 부족해지자 경남중학은 어려움에 빠졌다. 더욱이 경남중학은 1942년에 부산 제2중학이라는 이름으로 개교한 학교라 아직 뚜렷한 전통도 없어 학교를 살릴 수 있는 묘안이 필요했다. 장종기는 안 교장에게 야구부를 만들어 학교를 널리 알리자고 제안했다. 안 교장은 이를 받아들여 1945년 12월에 경남중학 야구부를 창단했다.

당시 경남 미군정청에서 행정보좌관으로 일했던 장종기는

일주일에 4일을 경남중학에 출근해 야구부 감독 역할을 했다. 그는 미군정청 행정실에서 같이 일했던 미군들과 친해 그들에게 글러브, 배트, 공을 얻어 훈련에 사용했다. 이뿐만이 아니었다. 그는 적산 가옥을 처리하는 업무를 하고 있어서 학교 옆에 붙어 있던 적산 가옥들을 헐고 야구를 할 수 있도록 학교 운동장도 넓혔다. 야구부가 훈련할 때 그는 연습이라고 하더라도 실제 경기처럼 임해야 한다는 점을 강조했다. 연습 투구도 혼을 담아 던져야 한다는 와세다대학교 시절 감독의 가르침대로 경남중학 선수들의 훈련을 진행한 셈이었다.[17]

해방 공간에서 야구로 명문교의 지위를 획득한 경남중학의 사례는 이 시기 야구가 일제 강점기의 경험과 미군정 시대라는 특수성이 혼합돼 발전했다는 점을 압축적으로 보여 주고 있다. 일본에서 선진 야구를 경험했으며 해방 후 미군정청에서 일했던 장종기 감독의 헌신적인 노력으로 경남중학은 이 시기 최고의 야구 팀이 됐으며, 경남 지역과 부산의 수재들이 몰려드는 명문교로 발돋움하는 기초를 쌓게 됐다.

훗날 공화당 국회 의원과 대한체육회장을 역임했던 김택수(1926~1983)는 경남중학에서 장종기 감독에게 야구를 배웠다. 야구 선수로 활약했던 김택수가 고교 야구 전성기였던 1970

---

17   경남중고등학교동창회, 경남중고등학교회보, 384호, 2011. 6.19.

년대 경남고 동창회장으로 야구부 후원에 정성을 다했던 배경이다. 한국 정치사의 거목이었던 김영삼 전 대통령도 이 시기에 경남중학을 다녔다. 그는 해방 공간에서 전국을 제패한 경남중학 야구에 큰 자부심을 가지게 됐고, 훗날 모교 야구부가 서울에서 펼쳐지는 전국 대회에 출전했을 때는 숙소를 찾아 선수들을 격려하게 된 계기였다고 술회한 바 있다.[18]

1938년 인천상업전수학원이라는 명칭으로 개교한 동산중학은 1945년 9월 야구부를 만들었다. 동산중학 학생들은 제2차 세계 대전 시기에 일제의 명령으로 근로 봉사를 했다. 비행장 신축 및 확장, 고사포 진지 구축, 모내기 등에 수백 명에 달하는 학생들의 노동력이 동원됐다. 일제는 이에 대한 사례금으로 48원을 내놓았다. 당시 교사 월급이 100원이었다는 점을 고려하면 터무니없이 적은 액수였다.[19]

해방 이후 동산중학은 학생들의 요청에 따라 이 돈 48원을 야구부 창단에 사용하기로 했다. 일제 강점기 때 일본 학교에서 주로 성행했던 야구를 얼마나 하고 싶었으면, 동산중학 학생들은 선배들의 피땀이 배어 있는 근로 봉사 사례금을 야구부 창단에 쓰자고 했을까. 동산중학의 눈물겨운 야구부 창단은 성공적이었다. 동산중학은 1947년 청룡기 대회에 4강에 올

---

18   월간야구, 1974년 4월호, 20.
19   종횡무진 인천야구, 399

1946년 10월 동산중학이
제1회 전인천중등학교야구대회에서 우승하던 날.
ⓒ동산고등학교

라 인천을 대표하는 야구 팀으로 평가받았다. 한국 전쟁 이후 동산고는 1955년부터 1957년까지 청룡기 대회 3연패를 기록하며 야구 명문교로 급부상했고, 이후 인천의 입시 명문교로 발돋움했다.

1946년 동산중학 야구 선수로 청룡기 대회에 참가한 뒤 〈KBS〉 아나운서 실장까지 역임했던 황우겸(1929~2023)은 대회가 열리면 동대문야구장으로 인천, 부산에서 기차 타고 온 가족과 동문 들이 열띤 응원전을 펼쳤다고 증언했다.[20] 1947년 경남중학과 경기중학 간의 청룡기 대회 준결승에는 1만 2,000명의 관중이 몰려들 정도로 학원 스포츠로서 야구의 인기는 치솟았다.[21]

중등학교 야구 대회에 쏠린 높은 관심은 1947년 〈동아일보〉가 황금사자기 야구 대회를 창설하는 계기가 됐다. 일제 강점기 시절 주로 민족의 스포츠인 축구 대회 개최에 열을 올렸던 신문사들은 광복 이후 야구 대회 개최로 방향 전환을 하기 시작했다. 4대 중앙 일간지(〈조선일보〉, 〈동아일보〉, 〈중앙일보〉, 〈한국일보〉)가 전국 야구 대회를 개최하며 고교 야구 인기에 불을 붙였던 1970년대의 전조는 이미 해방 공간에서 무르익고 있었다.

---

20   조선일보, 201. 11. 7.
21   한국야구사, 425.

PART III

한국 야구의 부스터: 재일교포 선수와 은행 야구단

1

재일 교포 학생 야구단 방문 경기에
투영된 정치

가끔 '〈대한뉴스〉가 참 중요한 자료가 될 수 있겠다'는 생각을 한다. 〈대한뉴스〉는 해방 이후부터 1994년까지 35밀리미터 필름으로 제작된 극장 상업용 뉴스로 다양한 분야의 소식을 다뤘다. 물론 〈대한뉴스〉에서 스포츠의 비중은 낮은 편이다. 스포츠를 다룬다고 하더라도 그 시간은 감질날 정도로 짧다. 하지만 워낙 과거 스포츠 분야 영상 자료가 귀해서 〈대한뉴스〉는 여전히 소중하다.

1956년 9월 2일에 방영된 〈대한뉴스〉가 나에게 특히 그랬다. 한 달 전 재일 교포 학생 야구단 일행이 경무대를 방문해 이승만 대통령과 악수를 하고 있는 모습을 볼 수 있었다. 여기까지만 보면 특별한 뉴스는 아닌 것 같았다. 그런데 조금 뒤에 재일 교포 야구 선수들이 군복을 입고 입영 생활을 체험하는 장면이 등장한다. 조금 이상했다. 왜 이들에게 이런 경험을 하도록 한 걸까? 이승만 대통령은 재일 교포 선수들에게 도대체 무슨 얘기를 했을까?

재일 교포 학생 야구단 방문 경기는 〈한국일보〉의 홍보 전략과 이승만 정권의 정치적 노림수가 맞아 떨어져 실현됐다. 장기영(1916~1977)이 설립한 〈한국일보〉의 첫 사업은 야구 대회 개최였다. 〈한국일보〉는 1954년 7월 육군과 공군의 야구 경기 대회를 개최했고, 같은 해 전국도시대항야구선수권대회도 주최했다.[1] 장기영은 한국 전쟁의 참화로 실의에 빠진 국민들의 마음을 스포츠 행사로 달래면서, 이를 통해 1954년에 창간한 신생 매체 〈한국일보〉를 대중들에게 널리 알리고자 했다.

장기영이 자사 홍보를 위해 야구를 꺼내든 이유는 그가 선린상업 재학 시절이었던 1933년 모교가 고시엔 대회에 진출해 야구에 관심이 높았기 때문이었다. 장기영은 내심 야구 국제 경기 개최를 머릿속에서 그리고 있었다. 한국과 가장 가까운 일본과의 야구 교류가 그 중심에 있었다. 하지만 문제가 있었다. 강경한 반일주의를 내세우고 있는 이승만 정권하에서 일본과의 야구 교류는 불가능했기 때문이다. 실제로 이승만 정부에서 일본과의 스포츠 교류는 이뤄질 수 없었다. 이승만

1   한국일보 50년사 편찬위원회(2004), 한국일보 50년사, 서울: 한국일보, 108.

재일 교포 학생 야구단과 만난
이승만 대통령과 장기영〈한국일보〉사장.
ⓒ연합뉴스

대통령은 일본과의 1954년 월드컵 예선 경기를 서울에서 하는 것조차 반대했다. 규정에 따라 월드컵 예선 경기는 홈 앤드 어웨이 방식으로 치러져야 했지만 이승만 정권의 반대로 월드컵 예선 한일전 두 경기는 모두 일본에서 펼쳐졌다.

장기영은 일본과의 야구 교류가 힘든 상황에서 재일 교포와의 야구 교류를 추진했다. 그의 결정은 '신의 한 수'였다. 재일 교포 학생 야구단 방문 경기는 반공과 반일을 국시로 내걸고 있는 이승만 정권의 입맛에 맞는 이벤트였기 때문이다.

시대 상황도 이를 도왔다. 1955년에는 재일 교포 사회에서 친북 단체인 재일본조선인총연합회(조총련)이 조직돼 이승만 정권으로서는 이에 대한 대응책이 필요한 상황이었다.

반일 감정도 고조돼 있었다. 1953년 일제 강점기가 한국 근대화의 토대가 됐다는 '구보다 망언'에 이어 일본 정부가 북한과 외교 관계를 수립하려는 움직임까지 감지되자 한국 사회에서는 반일 운동이 거세게 일어나고 있었다.[2] 더욱이 1956년 5월 대통령과 부통령 선거를 앞두고 있던 이승만 정권에 재일 교포와의 야구 교류는 환영할 만한 일이었다. 재일 교포 학생 선수들의 모국 방문은 재일 조선인 사회에서 조총련의 세력 확장을 견제하면서 이들에게 민족의식을 심어 줄 수 있는 좋

---

2   정재정(2019), 주제와 쟁점으로 읽는 20세기 한일관계사, 서울: 역사비평사, 88-89.

은 기회였다.

이승만 대통령은 경무대로 재일 교포 선수들을 초청해 "재일 교포들은 우리의 자유권을 빼앗기고 공산당의 노예가 되어서는 살지 않겠다는 결심으로 지난 수치를 다 씻어서 이제부터는 모든 것에 이겨 나가도록 힘써야 할 것이다."라고 힘주어 말했다.[3] 〈한국일보〉와 이승만 정권은 재일 교포 선수들에게 반공 의식을 심어 주기 위해 특별한 일정을 준비했다. 서울, 부산, 대구, 대전 등을 순회하며 약 한 달간 12경기를 펼쳐야 하는 빠듯한 일정 속에서도 재일 교포 학생 선수들은 태릉 육군사관학교에 입교해 하루 동안 군사 기술 훈련을 받았다.[4]

재일 교포 선수들에게 민족적 긍지를 느끼게 하기 위한 노력도 이어졌다. 〈한국일보〉는 이들이 친선 경기를 마친 뒤 사흘간 고향을 방문하도록 일정을 짰고, 각 지역의 명승지를 견학시켰다. 문교부는 한국어를 못하는 재일 교포 선수들의 귀국 편에 중·고교 교과서 1,000권을 보내기도 했다.[5]

그렇다면 실제로 재일 교포 학생 야구단 방문 경기는 이들에게 어떤 영향을 줬을까. 적어도 1962년 재일 교포 야구단의 일원으로 한국을 찾게 된 '해방둥이' 김영이 선수에게 모국 방

---

3   동아일보, 1956. 8. 12.

4   조선일보, 1956. 8. 16; 조선일보, 1956. 8. 30.

5   조선일보, 1956. 8. 22.

1956년 경기고-재일
동포 학생 야구단 경기.
ⓒ국가기록원

문은 민족의식을 갖게 된 계기였던 것 같다. 본적이 경남 마산
인 그는 8월 15일을 일본이 미국과의 전쟁에서 패배한 날로만
기억하고 있었다. 하지만 일본에서 태어나 한국어를 한마디도
못하는 그에게 모국 방문 경기 도중 터져 나온 한국 관중들의
환호는 조국의 함성이었다. 그는 "이제 잃어버린 고향을 찾았
다. 한국에서 일하고 싶다."라는 말까지 남겼다.[6]

재일 교포 선수들의 모국 방문에 긍정적인 효과만 있었던
건 아니었다. 1959년 학생 야구단 선수로 한국을 찾았던 '야
신' 김성근은 이때 '쪽발이'라는 말을 처음 들었다. 재일 교포

---

6   경향신문. 1962. 8. 15.

야구단과 경남고의 경기 중에 관중석에서 '쪽발이'라는 소리가 울려 퍼졌다. 당시 경남고 4번 타자이자 향후 스타 선수가 되는 박영길이 재일 교포 투수가 던진 공에 머리를 맞고 실려 나갔기 때문이었다. 관중들이 경기장으로 병을 던지며 소란을 피워 경기는 10분 이상 중지됐다.

경기가 끝난 뒤에도 분위기가 뒤숭숭했다. 경기장 밖에서 일부 관중이 몰려와 재일 교포 선수들을 향해 고함을 질렀다. 김성근은 당시 거리에서도 또래 한국 학생들에게 '쪽발이'라는 소리를 들었다. 결국 시비가 붙어 한바탕 패싸움이 펼쳐졌고 나중에 경찰이 한국 학생의 편을 들어 한국을 적대적으로 생각하는 재일 교포 선수도 생겨났다. 김성근의 표현대로 "재일 교포 선수들은 한국인에게 신기하면서도 불편한 존재"였다.[7]

이승만 대통령은 야구에 큰 관심이 없었다. 그럼에도 불구하고 이승만 정권은 재일 교포 사회에서 조총련이 등장했고, 반일 감정이 비등했던 시기에 〈한국일보〉가 기획한 재일 교포 학생 야구단 방문 경기 개최에는 적극적이었다. 노회한 정치인 이승만에게 재일 교포 학생 야구단 방문 경기는 반공과 반일이라는 두 가지 정치적 메시지를 대중들에게 피력할 수 있는 유용한 이벤트였다. 한국 정치가 최초로 야구와 결탁하게 된 이유다.

---

7   김성근(2009), 꼴찌를 일등으로: 야신 김성근, 서운: 자음과 모음, 72~74.

2

북송 사업과
재일 교포 야구 선수

1956년 시작된 재일 교포와의 야구 교류는 점점 더 중요해졌다. 기술적으로 높은 수준에 있던 재일 교포 선수들로부터 배울 점이 많아 이들의 방문 경기가 한국 야구 발전에 도움이 됐기 때문이다. 하지만 조총련의 북송 사업이 본격적으로 시작되면서 재일 교포와의 야구 교류는 정치적 중요성이 커졌다.

김성근이 한국에 왔던 1959년은 60만 명의 재일 교포를 대상으로 친북 단체 조총련이 북송 사업을 시작했던 해였다. 1984년까지 무려 9만 명의 재일 교포가 북한으로 건너갔을 정도로 북송 사업은 대규모 사업이었다.[8] 생활고와 차별에 시달

---

8   윤건차 지음/박진우 번역(2015), **자이니치 총련사**, 서울: 한겨레출판사, 414-415.

1959년 12월 14일 일본 니가타항에서 북송되는 재일 조선인들. ⓒGettyimages

리던 재일 교포들은 북한이 지상 낙원이라는 말에 솔깃해 북한으로 가는 배에 올라탔다. 북한 정권은 북송 사업을 통해 천리마 운동에 동원할 수 있는 노동력을 확보할 수 있었으며, 무엇보다 재일 조선인들의 북한행을 공산주의의 우월성을 알리는 정치적 프로파간다로 활용했다.[9]

한편, 일본 입장에서 재일 조선인들의 북송은 일종의 사회

---

9   T. Morris-Suzuki(2007). *Exodus to North Korea: Shadows from Japan's Cold War*, Lanham: Rowman & Littlefield Publishers. 98-153

적 문제를 해결할 수 있는 방편이었다. 재일 조선인들은 1952년 일본 국적을 잃게 되면서 관공서에 취직할 수 없게 됐으며, 공영 주택 입주 등 사회 복지 제도에서 제외돼 있었다. 자연스럽게 대다수의 재일 조선인들은 빈곤층으로 전락해 생활 보호 대상자가 되는 경우가 많았다. 일본 정부는 일본인에 비해 조선인의 생활 보호 비율이 매우 높아지자 골칫거리가 되고 있는 재일 조선인 문제를 해결하기 위해 북송 사업을 승인했다.[10]

조총련은 북송 사업을 계기로 일본 내 동포 사회에서 그 세력을 더 확장할 수 있었다. 조총련은 북송 사업을 개시한 뒤 북한으로부터 받은 교육 원조비를 통해 일본에서 많은 민족 학교를 설립했고, 일본 시중 은행에서 대출을 받기 힘든 재일 조선인들을 위한 신용 조합까지 산하에 두게 되면서 20만 명의 회원을 거느리는 거대 조직으로 성장했다.[11]

한국 정부는 북송 사업을 격렬하게 반대했다. 부산 교외에 억류 중이던 700여 명의 일본 어민을 돌려보내지 않겠다는 입장까지 보였다. 하지만 한국 정부는 재일 조선인의 처지를 개선할 수 있는 정책을 마련하지 못했으며 한국으로 이들을 데

---

10   미즈노 나오키·문경수 지음/한승동 번역(2016), 재일조선인: 역사, 그 너머의 역사, 서울: 삼천리, 161-164.

11   앞의 책, 155-156.

려오려는 의지도 강하지 않았다.[12] 더욱이 당시 한국의 경제력은 형편없었다. 한국은 당시 1인당 국민 소득이 80달러에 불과해 실업자와 '보릿고개'가 사회 문제가 되고 있었다. 한마디로 한국은 재일 조선인들의 새로운 터전이 되기가 어려웠다.[13]

재일 조선인의 북송을 반대할 것으로 예상됐던 미국도 미온적인 태도를 보였다. 미국은 당시 소련을 설득해 소련에 거주하고 있는 유대인들의 이스라엘이나 다른 국가로의 송환을 추진 중이라 북송 사업을 전략적 차원에서 묵인할 수밖에 없었다.[14]

무엇보다 많은 재일 조선인들이 북송선에 올라타야 했던 근원적 이유는 가난과 일본인들의 차별이었다. 김성근이 교토의 야구 명문 헤이안고등학교에 갈 수 없었던 것도 어려운 가정형편과 관련이 있었다. 헤이안고등학교는 사립 고교라 학비가 비쌌다. 그는 대신 공립 학교를 선택해야 했다. 그는 일본 실업팀 입단 테스트도 봤지만 '조센진(조선인)'이라는 이유로 탈락했다.

북송 사업의 광풍이 재일 조선인 사회에서 거세게 불고 있을 때 김성근과 그의 가족들도 북송선을 탈 뻔했다. 김성근이

---

12   주제와 쟁점으로 읽는 20세기 한일관계사, 184.

13   재일조선인: 역사, 그 너머의 역사, 164.

14   주제와 쟁점으로 읽는 20세기 한일관계사, 186.

1959년 고국 방문 경기를 마치고 일본으로 돌아왔을 때, 그의 큰형과 어머니는 북한으로 떠날 생각을 하고 있었다. 김성근은 한국에서 찍은 사진과 책자를 보여 주며 가족들의 북한행을 강하게 만류했고, 결국 그의 가족은 북송을 포기했다.[15] 김성근은 모국 방문 경기를 통해 한국에서 야구 선수로 인정을 받게 돼 한국에 우호적인 입장이었다. 김성근이 가족의 북한행을 반대한 것도 이 경험 때문이었다. 이처럼 재일 교포 학생 야구단의 모국 방문 경기는 그의 야구 인생의 중요한 전환점이었다.

김성근과는 달리 북한으로 건너간 재일 조선인 야구 선수도 있다. 하야마 지로(波山次郎, 1941~1979), 한국명 윤차랑이 그 주인공이다. 일본의 지역 신문인 〈가호쿠(河北)신문〉에서 그의 스토리를 다룬 책의 서평을 보면서 윤차랑의 존재를 알게 됐을 때 난 내 눈을 의심했다.[16] 자본주의 스포츠라는 이유로 야구를 배격했던 북한으로 재일 조선인 야구 선수가 갔다는 사실 자체가 잘 이해가 되지 않아서였다. 하지만 윤차랑과 관련된 자료를 읽으면서 조금씩 그가 북한으로 간 이유를 이해할 수 있었다.

윤차랑은 야구 명문 도호쿠(東北)고교의 에이스 투수로

15　꼴찌를 일등으로: 야신 김성근, 81-82.

16　河北新聞, 2013. 11. 18.

1959년 팀을 고시엔 대회 4강까지 진출시킨 스타 선수였다. 그는 이듬해 일본 프로 야구 다이요 웨일스에 입단했지만 5시즌 동안 이렇다 할 성적을 기록하지 못하고 구단에서 방출당했다. 당연히 가족들의 생계도 어려워졌다. 그가 프로에 입단할 때 받았던 계약금으로 시작했던 파친코 사업도 잘되지 않았다. 당시 경제적인 어려움을 겪고 있던 다른 재일 교포들처럼 윤차랑의 가족들도 북한으로의 이주를 생각하게 된 배경이었다.

북송선을 탈 계획을 하고 있던 윤차랑에게 제일은행 야구팀에서 입단 제의가 왔다.[17] 재일 교포 선수들의 뛰어난 실력을 익히 알고 있던 한국 실업 야구 팀은 이들의 스카우트에 매우 적극적이었다. 하지만 윤차랑은 이 제의를 받아들이지 않았다. 윤차랑의 어머니는 아들이 만약 한국으로 야구를 하러 간다면, 북한 이주를 강하게 원하고 있는 남편과 이혼하고, 당신도 한국으로 가겠다는 입장이었다. 한국에서 온 스카우트 제의에 고심했던 윤차랑은 어머니의 얘기를 듣고 한국행을 곧 포기했다. 한국에서 제2의 야구 인생을 개척하기 위해 부모님이 이혼하는 걸 두고 볼 수는 없었다.[18]

결국 그는 가족들과 함께 1965년 니가타항에서 북송선에

---

17 조선일보, 1964. 11. 5.
18 鈴木昌樹(2013), 甲子園と不壊の工ス, 仙台: 本の森, 100-104.

올라 함경북도 청진에 내렸다. 윤차랑은 청진시 철공소 소속으로 야구를 할 수 있었고, 이듬해 청진시가 전국 야구 대회에 우승을 차지하는 데 공헌했다. 북송선의 기착지인 청진이 야구 대회에서 우승한 것을 보면 윤차랑 외에 다른 재일 동포 선수가 팀에 존재했을 개연성도 크다.

어쨌든 청진의 에이스는 윤차랑이었다. 그는 1968년 야구 실력을 인정받아 평양철도체육단 야구 팀으로 옮겨 선수 생활을 계속했다. 1974년에 윤차랑은 북한에 원정 왔던 쿠바 야구 팀과의 친선 경기에서 홈런을 기록하기도 했다. 당시 사회주의 국가 가운데 유일하게 야구가 국기였던 쿠바는 윤차랑이 활약했던 북한의 야구 실력을 높이 평가했다.

야구는 적성국 미국의 스포츠였고, 올림픽이나 아시안 게임 종목도 아니었다. 자연스레 북한은 야구의 불모지였다. 하지만 1960년대 북송선을 타고 북한에 건너 온 재일 교포의 영향으로 북한에서도 야구가 시작됐을 것으로 보인다. 이들이 아니었다면 1974년 북한과 쿠바의 친선 야구 대회는 아마 열리지 않았을지도 모른다. 윤차랑을 비롯한 야구 선수들은 북한이 쿠바와 관계를 돈독하게 하는 데 도움이 됐다. 1988년 서울 올림픽에 구 소련과 중국 등 사회주의 국가들이 대거 참여했지만, 쿠바는 북한과의 신의를 지키기 위해 대회를 보이콧했다.

1977년 청진으로 다시 돌아온 윤차랑은 2년 뒤 비극적인 죽음을 맞이했다. 1979년 7월 5일 그는 공장의 전기 설비를 수

리하던 중 감전 사고로 목숨을 잃었다. 북한은 그에게 '사회주의 건설 애국자'라는 칭호를 붙여 줬다.[19] 일본 고시엔 대회 스타 하야마에서 평양의 에이스 윤차랑으로 변신해야 했던 그의 드라마 같은 인생 역정은 북송 사업의 산물이었다.

1)　甲子園と平壤のエ　ス, 200.

3

박정희가 1963년 야구 한일전 승리에 기뻐했던 이유

한일 국교 정상화를 위해 박정희 정권의 2인자였던 김종필 (1926~2018) 중앙정보부장과 일본 외무상 오히라 마사요시(大平正芳, 1910~1980) 간의 비밀 회담이 진행됐던 1962년, 한국과 일본 야구의 교류는 본격화되고 있었다. 일본 프로 야구 팀 도에이(東映) 플라이어스와 고쿠데쓰(國鐵) 스왈로스는 1962년 11월 한국을 방문했다. 두 팀의 방문 경기는 일찍부터 추진됐다. 도에이의 사장 오가와 히로시(大川博, 1896~1971)는 1962년 5월, "한국 팀과 시합을 하고 싶다."는 입장을 밝혔다.[20] 도에이 구단에는 재일 교포 야구 선수들의 구심점 역할을 했던 장훈

---

20   경향신문, 1962. 5. 12.

이 주축 선수로 뛰고 있었으며, 더욱이 1962년 초에 입단한 백인천도 있어서 한국 방문의 명분이 있었다. 고쿠데쓰도 마찬가지였다. 일본 프로 야구를 대표하는 좌완 투수인 한국계 김경홍(일본명 가네다 마사이치, 1933~2019)은 고쿠데쓰의 에이스 투수였다.

한국 야구 팬들도 두 팀의 방한 경기 소식이 알려지자 큰 관심을 보였다. 장훈은 1962년 리그 MVP 수상과 함께 도에이의 첫 재팬 시리즈 우승을 이끌었고, 가네다는 같은 해 탈삼진 세계 신기록을 수립했다. 하지만 국가재건최고회의는 일본 프로 야구 팀의 방한에 대해 예민한 반응을 보였다. 두 팀의 방문 계획에 도에이와 고쿠데쓰의 맞대결 경기가 포함돼 있었기 때문이다.

박정희 정권은 한일 외교 관계 수립을 위한 비밀 회담이 진행될 무렵에 혹시라도 발생할 수 있는 반일 감정을 염려했다. 이후락 공보실장은 "일본 프로 야구 팀이 입국하는 것을 조건부로 허용할 것"이라고 발표했다. 그는 "일본의 두 팀이 국내에서 시범 경기를 한다면 관중들은 어느 편에 박수를 보내야 할 것인가?"라며 "박정희 의장도 두 일본 팀의 동시 입국에는 찬동하지 않는다."라고 덧붙였다.[21]

---

21   경향신문, 1962. 10. 27.

하지만 웬일인지 두 일본 프로 야구 팀은 한국에 입국했다. '혁명 정부'는 한 발 물러섰다. 민간에서 추진한 한일 야구 교류를 정부가 반대하는 건 향후 한일 회담에 도움이 안 된다는 판단을 내렸을 가능성이 짙다. 도에이 구단 단장은 "박정희 의장이 스포츠를 통해서 한국과 일본 두 나라의 친선을 증진시켜야 하겠다는 말에 감명받았다. 이번에 얻은 새로운 한국의 모습을 본국에 돌아가면 충분히 전하겠다."라고 말했다.[22]

1961년 쿠데타로 정권을 잡은 박정희는 강력한 한·미·일 동맹 체제를 원했던 미국의 압박 속에서 일본과 관계 개선을 해야 했다. 중국의 핵 실험 성공과 베트남 전쟁의 심화로 아시아 지역 공산주의의 세력 확장을 견제해야 했던 미국으로서는 한국과 일본의 외교 관계 수립이 절실했다. 더욱이 미국은 이 시기에 한국에 대한 경제 원조를 삭감하고 있었다. 북한과 국경을 맞대고 있는 한국이 자립 경제 체제를 구축해 체제 경쟁에서 우위를 보이기 위해서는 일본과의 경제 협력이 필요하다는 시각이 설득력을 얻게 된 것도 이 시기였다.

한국도 비슷한 상황이었다. 쿠데타로 잡은 정권이 정통성을 얻기 위해서 무엇보다 먹고사는 문제를 해결하는 게 중요했다. 일본 정부도 미국의 아시아 외교 전략에 적극적으로 협력

---

22   조선일보, 1962. 11. 14.

해야 했다.

이와 같은 국제 정치 지형으로 인해 1960년대 일본의 한국에 대한 경제 원조가 한일 국교 정상화의 핵심 의제로 떠올랐다. 박정희 정권이 1962년 대일 청구권 협상을 마무리 짓기 위해 '김종필-오히라 회담'을 추진한 이유였다. 이 비밀 협약은 일본으로부터 3억 달러를 무상으로 받고 추가로 차관을 제공받는 등의 경제적 지원을 대가로 일본과 외교 관계를 수립한다는 내용이 골자였다.[23] 식민지 과거사 청산 대신 경제 원조라는 프레임에 빠졌던 한일 국교 정상화는 결국 1964년 '굴욕 외교'라는 국민들의 거센 비난과 저항에 직면할 게 뻔했다.

하지만 한국에서 아시아야구선수권대회가 열렸던 1963년에는 김종필-오히라 회담의 전말이 모두 알려지지 않았다. 1963년 9월 국민들의 관심은 야구 한일전에 쏠려 있었다. 대회가 막이 오르기도 전에 입장권의 3분의 2가 팔렸다.[24] 일본과의 두 차례 경기를 앞두고는 암표상들도 기승을 부렸다. 200여 명으로 추산되는 암표 상인들은 150원짜리 내야 A석 입장권을 600원에 팔았다. 동대문 시장에서 노점상을 한다는 한 여인은 사실상의 결승전이었던 두 번째 한일전 당일에 8,000

---

23   주제와 쟁점으로 읽는 20세기 한일관계사, 92-94.

24   동아일보, 1963. 9. 20.

원의 수입을 올렸다.[25] 당시 서기급 공무원의 월급이 3,000원
이라는 점을 생각하면 꽤 짭짤한 수입이었다.

한국은 일본과의 첫 경기에서 승리를 거뒀다. 9월 29일 두
번째 한일전에서도 이기면 한국 야구는 사상 처음으로 아시
아대회 패권을 거머쥘 수 있었다. 3만여 명의 관중들이 꽉 들
어찬 서울운동장(동대문야구장)의 응원 열기는 뜨거웠다. 그런
데 한국 팬의 응원을 지휘하는 응원단장은 일본 팀에 대한 지
나친 야유나 물건을 던지는 행위를 말아달라고 관중들을 향해
호소했다. 일본과의 국교 정상화 교섭에 악영향을 미칠 수 있
는 불미스러운 사태를 막기 위해 당국은 경기장 경비도 철저
하게 해야 했다.[26]

그렇지만 한일전은 반드시 이겨야 했다. 특히 10월 15일에
거행될 대통령 선거에 출마한 박정희 의장과 혁명 정부에게
이 경기는 중요했다. 박정희와 치열한 득표전을 펼쳤던 윤보
선 후보는 당시 두 가지 사안을 가지고 박정희 후보에게 맹공
을 퍼부었다. 윤보선은 박정희 후보가 남조선노동당 군사총책
을 담당하며 여순 사건에 연루돼 무기 징역을 선고받았던 '빨
갱이'라는 점을 부각시켰다. 또한 윤 후보는 일본과의 회담에

25   조선일보, 1963. 10. 3.
26   오시마 히로시 지음/유임하·조은애 번역(2023), 재일 코리안스포츠영웅 열전, 서
      울: 연립서가, 105-106.

서 양보만 하고 있는 박정희와 '혁명 정부'를 친일 정권으로 몰아붙였다. 윤 후보 측에서는 일본군 장교로 일본에 충성한 박정희 후보는 사퇴해야 마땅하다는 주장을 펼치기도 했다. 박정희 후보의 대통령 당선을 기대하는 5·16 군사 쿠데타 세력은 한창 진행되고 있는 한일 회담에 대한 여론이 부정적으로 형성되는 것을 우려했다. 일본의 한국에 대한 경제적 지원에만 초점이 맞춰져 있던 두 국가의 협상 과정은 국민들의 반일 감정을 폭발시키는 위험한 뇌관이 될 수 있었기 때문이었다. 박정희로서는 야구 한일전 승리를 통한 '극일(克日)' 효과를 기대해야 할 시점이었다. 야구를 그리 좋아하지 않았던 박정희가 야구 한일전에 지대한 관심을 쏟아야 했던 이유였다.

9월 29일 한국 야구는 일본을 제압했다. 관중들은 8회에 김응용이 2점 홈런을 치자 이미 아시아야구선수권대회 우승을 직감한 듯 열광했다. 3-0 완승이었다. 한국은 이 승리로 사상첫 아시아야구선수권대회 우승을 차지했다. 〈동아일보〉는 "60년 야구 역사의 숙원을 달성했다."라며 감격했다.[27]

한국 야구가 이룬 쾌거에 박정희 의장은 크게 기뻐했다. 그럴 만한 이유가 있었다. 일본과의 경기가 펼쳐지기 이틀 전 〈경향신문〉에는 박정희 의장이 한일 회담에서 일본 측의 입장

27　동아일보, 1963. 9. 30.

을 상당히 반영하는 대신, 4,000만 원 상당의 수표를 일본 모기업으로부터 수수했다는 의혹에 관한 기사가 1면 톱 기사로 실렸다.[28] 대통령 선거가 보름 남짓 남았던 시점에서 보도된 이 기사 때문에 박정희 의장과 그의 측근들은 당황할 수밖에 없었다. 이는 사실 관계를 떠나 가뜩이나 박정희 본인의 친일 문제가 대선을 앞두고 논란이 되고 있는 상황에서 악재일 수밖에 없었다.

1963년 대선은 박정희 의장과 혁명 주체 세력들의 명운을 건 승부였다. 이들에게는 한국 경제 발전이라는 명목의 종잣돈을 마련하기 위해 한일 국교 정상화를 조기에 타결하는 게 일차적으로 중요했다. 하지만 이들에게는 적어도 대선이 펼쳐지기 전까지 이런 사실이 국민들에게 알려지지 않게 하는 게 훨씬 더 중요했다. 대표적인 경우는 한국의 전관 수역[29] 축소 결정이었다. 박 의장과 정부 고위 관료들은 1963년 8월 일본 측의 입장을 받아들여 한국의 전관 수역을 40마일에서 12마일로 축소하기로 결정했다. 전관 수역 축소는 조업 구역 축소를 의미하는 것으로 한국 영세 어민들에게는 심각한 문제였다. 박정희 의장은 전관 수역 축소 결정이 대선에 악영향을 미

---

28   경향신문, 1963. 9. 27.
29   연안국이 어업과 자원을 발굴할 수 있는 특권 수역.

칠 것을 판단해 이를 선거 이후에 발표됐다.[30] 이처럼 1963년 박정희 의장의 시선은 대선에 고정돼 있었고 일본과의 협상 과정에서 발생한 '불편한 진실'은 대선 승리를 위해 최대한 숨겨야 했다.

이런 상황에서 일본을 꺾은 한국 야구 대표팀의 쾌거는 대선 행보 중 친일 문제와 일본과의 협상에서 나타난 문제로 골치가 아팠던 박 의장에게는 단비 같은 존재였을 것이다. 그가 대선 유세로 바쁜 와중에도 한국 야구 대표팀을 서울 장충동 국가재건최고회의 의장 공관으로 초대한 이유도 여기에 있었다. 그는 일본을 제압한 한국 야구 대표팀의 쾌거를 격려하면서 '나도 그 누구보다 일본을 이기고 싶은 사람'이라는 메시지를 대선을 목전에 둔 시점에 국민들에게 던지고 싶어 했던 것 같다. 박정희 의장은 이 자리에서 사실상 우승을 확정 짓는 홈런을 쳐 스타가 된 김응용이 소속돼 있는 군부대에 황소 한 마리를 보내 주기로 약속했다.[31]

박 의장은 이보다 더 큰 선물도 한국 야구에 안겨 줬다. 박 의장이 "지금처럼 나라가 괴로운 때에 희망의 빛을 주어 국민이 얼마나 기뻐하는지 모른다. 원하는 건 뭐든지 들어주겠다. 세계 여행이라도 좋다."라고 하자, 대한야구협회 관계자는 "야

---

30   한겨레신문, 2005. 8. 26.
31   중앙일보, 2017. 9. 2.

1963년 12월 17일 대통령에 취임한 박정희. ⓒ연합뉴스

간 경기를 위한 조명을 설치하는 게 야구인의 염원입니다."라
고 답했다.[32] 이후 15만여 표라는 박빙의 차이로 윤보선 후보
를 제압하고 대통령에 당선된 박정희는 야구장 조명 시설 설
치를 지시했고, 1966년 동대문야구장에서 첫 야간 경기가 열
릴 수 있었다.

---

32   재일 코리안 스포츠영웅 열전, 107.

하지만 1963년 대선을 앞두고 한일전에서 승리한 야구와 가까워졌던 박정희 대통령은 이후 야구에 별로 관심을 기울이지 않았다. 그에게는 아시안 게임이나 올림픽에서 펼쳐질 스포츠 남북 대결이 중요했다. 야구 남북 대결은 펼쳐지지 않았다. 윤차랑과 같은 재일 교포 선수들이 북한으로 건너가 야구 경기가 간간이 거행되기는 했지만 북한 정권 입장에서 야구는 효용성이 낮은 스포츠였다. 그들이 절실히 원했던 건 아시안 게임과 올림픽에서의 메달 획득이었다. 야구는 이 두 대회에서 정식 종목이 아니었다. 이런 이유로 한국도 1960~1970년대에 국가적인 차원에서 야구를 발전시켜야 할 이유를 찾지 못했다. 그래서 야구는 1979년까지 한국을 통치했던 박정희 대통령에게 그리 중요한 스포츠가 아니었다.

하지만 야구에는 박정희 대통령도 막을 수 없는 내재적 힘이 있었다. 그 힘은 일제 강점기부터 이어진 야구의 전통과 이런 전통을 체득한 한국 엘리트 사회로부터 발현됐다. 야구를 사랑하는 엘리트들의 한국 야구 발전을 위한 첫 프로젝트였던 은행 야구 팀 창단이 그 시작점이었다.

4

상업고 동문과
은행 야구 팀의 등장

1960년대 한국 사회에서 은행은 매우 인기가 높은 직장이었으며, 은행원은 화이트칼라의 상징이었다. 초봉이 8,000원에 달했고, 연 400퍼센트의 보너스가 있어 다른 직종에 비해 대우가 좋은 편이었다. 1962년 한일은행 채용 시험에 대학 졸업자 297명과 상업고등학교 졸업자 620명이 몰려 경쟁률이 10대1을 기록했던 이유다. 이 시기 한국의 산업화는 아직 초기단계여서 대학을 졸업한 엘리트들이 갈 만한 기업은 많지 않았다. 자연스레 대학이나 상업고를 졸업한 인재들은 은행 입사를 목표로 삼았다.[33]

---

33   조선일보, 1962. 9. 19.

이 시기에 야구 선수들도 은행에서 월급을 받을 수 있는 길이 열렸다. 1962년 중소기업은행의 창단을 시작으로 상업은행, 제일은행, 한일은행 등의 시중 은행들이 야구 팀을 만들었다. 은행 야구 팀의 가세로 실업 팀의 숫자가 13개 팀으로 늘어나면서 한국 실업 야구는 1964년 최초로 시즌 제도를 만들 수 있었다.

이때부터 고등학교 야구 선수들에게 은행 야구 팀 입단은 선망의 대상이 됐다. 당시 한국에서 화이트칼라의 상징이자 안정적인 직장이었던 은행에서 일하면서 야구를 하는 건 그 자체로 성공이었다. 물론 월급도 많았다. 1962년 고등학교를 졸업하고 은행 야구 팀에 들어간 1년 차 선수들은 7,000~8,000원 가량의 월급을 받았다. 이 액수는 5급 공무원 월급과 비슷한 수준이었다.[34]

그래서인지 1962년 고등학교를 졸업한 야구 선수 80여 명 중 대학 진학을 희망하는 선수는 2~3명에 불과했다.[35] 이 시기에 대학 야구는 이처럼 선수 수급 문제로 어려움을 겪었다. 또한 은행 야구 팀의 등장은 국영 기업이 운영하는 실업 야구 팀의 전력을 약화시켰다. 철도청 야구 팀은 1960년대 초까지는 다른 팀들과 어깨를 나란히 했지만 1960년대 중반 이후 최

---

34   조선일보. 1966. 10. 9.
35   조선일보. 1962. 12. 26.

하위권 팀으로 전락했다. 공무원의 박봉으로 월급과 보너스를 두둑하게 주는 은행 야구 팀과 경쟁하는 것은 사실상 불가능했다.[36]

하필이면 왜 1962년에 은행 야구 팀이 생겨난 것일까? 1962년에는 국민체육진흥법이 공포됐다. 국가재건최고회의가 만든 이 법안에는 직장 체육의 진흥이 포함돼 있었다. 이는 직장 내에서 스포츠 팀 창단을 추진하라는 의미였다. 박정희 정권의 국민체육진흥법 공포는 1964년 도쿄 올림픽과 관련이 깊었다. 북한의 올림픽 참가가 유력한 상황이라 도쿄 올림픽에서 첫 남북 대결이 펼쳐질 가능성이 짙었기 때문이다. 남북 스포츠 대결에서 물러설 수 없었던 한국으로서는 엘리트 스포츠에 대한 지원이 절박했던 시점이었다.

문제는 당시 한국에 스포츠 팀을 창단할 만한 여력이 있는 민간 기업이 많지 않았다는 점이었다. 그래서 스포츠 팀 창설 책무는 주로 공기업이 떠안았다. 그중 하나가 은행이었다. 5·16 군사 쿠데타 이후 은행은 모두 정부에 귀속됐다. 시중 은행은 모두 정부가 관리했고, 이른바 관치 금융의 시대가 열렸다. 은행장은 중앙정보부가 뽑았다. 중앙정보부에서 은행장 후보를 선정하면 재무장관이 임명하는 방식이었다. 정권의 입

---

36   경향신문, 1969. 4. 10.

맛에 맞게 은행이 발 빠르게 움직여야 했던 시기였다.

이미 몇몇 은행은 국민체육진흥법이 공포되기 이전부터 여자 농구 팀을 운영하며 은행 홍보 효과와 영업 실적 상승 효과를 경험했다. 한국 여자 농구 최고 스타인 박신자를 영입한 상업은행은 1961년 한국은행과의 라이벌 관계를 형성하며 여자 농구 붐을 주도했다. 이때부터 은행원들 사이에서는 "우리 팀의 성적과 인기도에 따라 예금고가 오르락내리락 한다."라는 말까지 나왔다.[37]

흥미롭게도 은행들은 이후 야구 팀을 창단했다. 조금 이상했다. 남북 대결과 무관한 야구 팀을 왜 먼저 창단해야 했을까? 여기에는 당시 시중 은행에 야구를 교기로 하는 상업고 출신 사원들이 많았다는 점을 고려해야 한다. 은행에는 상업고 출신 직원들이 많았다. 1990년대 중반 이후 은행이 상고 출신 신입 사원을 뽑지 않거나 채용 규모를 대폭 줄일 때까지 상고 출신 행원들의 전성시대는 지속됐다.

상고 가운데는 야구 명문교가 상당수 있었다. 대체로 이런 야구 명문 상업학교의 동문들은 은행 고위직에 오르는 경우가 많았다. 야구를 하는 상고 출신 행원들이 다수 존재했던 은행에서 야구 팀을 창단하는 것은 당연해 보였다. 이 시기에 축구

---

37   조동표, 권영채(2006), 96년만의 덩크슛: 한국여자농구 100년사, 서울: 중앙일보 시사미디어, 131-134.

팀을 창설한 은행은 없었다. 명문 상업고 가운데 축구를 교기로 삼은 학교가 별로 없었다는 점도 은행이 축구 팀 창설에 적극적으로 나서지 않았던 이유였다. 하지만 더 중요한 측면도 있었다. 〈동아일보〉 체육부장과 〈MBC〉 스포츠국장을 거쳐 MBC 청룡의 초대 단장까지 역임했던 조광식은 필자와의 인터뷰를 통해 이 궁금증을 풀 수 있는 중요한 힌트를 줬다.

"1950~60년대 축구는 대중적으로 그리 관심이 큰 종목이 아니었다. 월드컵도 그렇게 중요하게 생각하지 않았던 시기였다. 내가 중앙고에 다녔던 1950년대 말에도 축구부보다 야구부가 어떤 성적을 내느냐가 제일 중요했다. 1960년대 초반부터는 은행 야구 팀들끼리의 경쟁도 치열하게 전개됐다. 그도 그럴 것이 당시 야구 성적은 은행의 영업 실적에도 꽤 영향을 미쳤다. 한국에서 축구에 대한 지원과 관심이 높아지기 시작한 건 1966년 북한이 월드컵에서 8강에 오른 뒤라고 봐야 한다. 남북 대결이 그 무엇보다 중요한 시대였으니 은행 축구 팀들도 생겨났던 셈이다. 당연히 장덕진 회장의 영향력도 여기에 일조했을 것이다."

실제로 은행에서 축구 팀을 만들기 시작한 건 1960년대 말이었다. 은행의 인사 및 경영을 좌지우지했던 재무부 이재(理財)국장이자 박정희 대통령의 처조카였던 장덕진이 북한의 1966년 월드컵 8강 진출 이후 한국 축구 발전을 위해 은행의 축구 팀 창단을 독려했다.

야구는 축구와 달랐다. 이미 일제 강점기부터 은행과 상업 학교는 조선 야구의 중심축을 형성하고 있었다. 일본인 교장과 교사가 있었던 상업학교나 일제가 설립한 은행에서는 야구 팀 육성에 관심이 지대했다. 1921년부터 1940년까지 20회 펼쳐진 고시엔 야구 대회 조선 예선에서 상업학교가 9회나 정상에 오른 것만 봐도 당시 상업학교 야구의 위상을 잘 알 수 있다.[38]

조선 성인 야구 팀 중에 최고 명문 팀은 식산은행이었다. 식산은행은 야구 선수들에게 다른 실업 팀에 비해 훨씬 좋은 대우를 해 줘 수준급 선수들이 많았다. 일제 강점기에 야구부를 운영했던 명문 상업학교의 졸업생들은 주로 은행에 입사했다. 특히 선린상업 졸업생들은 조선은행(한국은행 전신)과 식산은행의 요직을 독식했을 정도로 금융업계에서 큰 힘을 발휘했다.[39] 〈한국일보〉 사주로 재일 동포 야구단 초청 대회와 봉황대기 고교야구대회 개최 등 한국 야구 발전에 큰 기여를 했던 장기영도 일제 강점기 때 선린상업 출신으로 조선은행에서 사회생활을 시작했다. 1933년 고시엔 야구 대회 조선 예선에서 우승했을 정도로 야구 전통이 강했던 선린상업의 동문들은 야구에 관심이 많을 수밖에 없었다.

---

38   歴代春夏甲子園メンバー表100年大全集, 285.

39   善隣百年史, 739.

1967년 실업 야구 정상에 오른 한일은행 야구 팀.
ⓒKBO, 대한야구협회

자연스럽게 금융계에 종사하고 있던 많은 선린상업 동문들은 1960년대 은행 야구 팀 창설에 주도적인 역할을 했다. 그 대표적인 인물이 김진흥 당시 한일은행장이었다. 일제 강점기 당시 선린상업을 졸업한 그는 모교 야구부 유망주를 물심양면으로 후원했다. 심지어 그는 이들을 나중에 한일은행으로 데려오기로 학교 측과 모종의 약속까지 해 놓았다. 이처럼 일제 강점기에 형성된 상업학교와 은행 간의 관계는 야구를 매개로 더욱 긴밀해졌다.

첨언하자면, 선린상고 출신의 김충과 한동화는 한일은행이 아닌 타 은행 야구 팀에 입단했다. 다른 은행에서 더 좋은 금전적 조건을 제시해 이들이 진로를 바꿨다는 얘기가 흘러 나왔다.[40] 1964년 한일은행은 이에 격노해 야구부 해체를 결의했다. 김종필의 친형이자 훗날 대한야구협회 회장 자리에 오르는 김종락 한일은행 상무는 "혁명 후 국민체육진흥에 일역을 담당한다는 뜻에서 창설한 당초의 시도와는 달리 선수 포섭 문제로 일부 체육인이 상식에 벗어난 행동을 하는 데 싫증을 느꼈으며 경종을 울리는 의미에서 용단을 내렸다."라고 해체 사유를 밝혔다.[41]

한일은행 야구 팀은 이후 크라운맥주(조선맥주) 야구 팀으로

---

40   조선일보, 1964. 11. 4.
41   동아일보, 1964. 1. 14.

변신했다. 부실기업으로 지정돼 한일은행의 관리를 받고 있던 크라운맥주가 어쩌다 한일은행 야구 팀을 승계한 셈이었다.

5

아시아야구대회와 은행 팀에서 빛난
재일 교포 선수들의 공헌

이승만 정권 시절 시작된 재일 교포와의 야구 교류의 효과는 박정희 시대에 빛을 발했다. 앞서 소개했던 1963년 아시아야구대회 우승도 재일 교포의 도움이 없었다면 불가능한 일이었다. 당시 한국 야구 대표 팀에는 4명의 재일 교포 선수가 활약하고 있었다. 그 중심에는 일본과의 두 차례 경기에서 마운드를 지키며 대회 최우수 선수로 선정된 신용균이 있었다. 신용균은 불과 대회 몇 달 전까지 일본 카메라 제조사로 유명한 야시카가 운영하는 실업 야구 팀에서 활약했었다.

그는 1963년 7월 재일 교포 성인 야구단의 일원으로 한국에 와서 대활약을 했다. 늘 아시아 무대에서 일본의 벽에 가로 막혔던 한국 야구는 신용균을 끈질기게 설득해 대표 팀에 선발했다. 신용균과 함께 성인 야구단에서 포수를 봤던 재일 교포 서정리도 함께 태극 마크를 달게 됐다. 갑작스럽게 한국 야구 대표팀에 합류한 신용균과 서정리는 일본과의 두 번째 경기에서 한국이 완봉승을 거두는 데 결정적 역할을 하며 '야구 영웅'으로 떠올랐다. 특히 이 경기에서 신용균의 절묘한 변화구가 빛을 발했다. 싱커를 잘 구사했던 신용균의 피칭은 한국 야구 팬들에게 최고의 선물이었다.

이 대회 우승은 일본이 키워 낸 선수들이 도운 한국 야구의 승리였다. 신용균과 서정리 외에도 이 경기에는 또 다른 재일 교포 선수 배수찬도 활약했다. 여기에 한국 대표팀의 감독과 코치도 모두 일본 유학파였다. 한국 감독 박점도는 일제 강점기에 교토 헤이안중학에서 활약했던 선수로 1933년 봄철 고시엔 대회에 출전했던 경험이 있었고, 코치 김영조는 와세다대학교를 나와 일본 프로 야구 팀에서도 잠깐 활약했었다.

재일 교포 선수들은 막 걸음마를 하기 시작한 은행 야구 팀에도 보석과 같은 존재였다. 당시 은행 팀이 급속도로 늘어나면서 스카우트 경쟁은 심화됐다. 고등학교를 졸업하는 야구 유망주는 소수에 불과했기 때문이다. 은행 야구 팀은 유망주 스카우트를 위해 선수가 고등학교를 졸업하기도 전에 월급을 지불하기도 했다. 심지어 선수 부모에게 대출까지 해 준다는 게 공공연한 사실이었다.

상황이 이러니 은행 팀의 스카우트 표적은 뛰어난 실력을 보유하고 있던 재일 교포 선수들이 됐고, 이들은 특급 대우를 받고 은행 팀에 입단하는 경우가 많았다. 기량이 탁월한 재일 교포 선수들은 같은 소속 팀의 국내 선수들에 비해 5배, 감독 보다도 3배나 많은 월급을 받았다.[42] 아예 한국으로 재일 교포 선수를 부르기 위해 집을 사 주는 경우도 있었다. 재일 교포 선수들이 워낙 뛰어난 실력을 보여 줬기 때문이다.

실제로 재일 교포 선수들의 활약은 대단했다. 1963년 아시아야구대회 우승을 이끌었던 신용균은 이듬해 실업 야구 최다 승 투수가 됐고, 3위는 김성근이 차지했다. 역시 일본 프로 야구 난카이 호크스에서 활약하다 한국으로 건너온 김영덕은 평균자책 0.32라는 놀라운 기록을 세웠다. 당시 한국에서 드물었던 사이드암 투수 신용균의 싱커, 김영덕의 슬라이더와 김성근의 예리한 커브는 타자를 무력화시킨 3대 마구로 통했다. 여기에 재일 교포 타자 배수찬도 타격왕에 오르자 '재일 교포 선수를 확보한 팀이 좋은 성적을 낸다'라는 말이 야구계에 널리 퍼졌다.

1960년대 은행 야구 팀들은 경쟁에서 살아남기 위해 실력 있는 재일 교포 선수들이 필요했다. 이들은 많은 월급을 주더라도 꼭 모셔 와야 할 대상이었다. 이는 1980년대 초반 프로 야구에서 나타난 상황과 엇비슷했다. 프로 야구 팀들은 이때

---

42 경향신문, 1974. 5. 8.

에도 재일 교포 선수 스카우트에 열을 올렸다. 한 시즌 30승을 기록한 투수 장명부와 야간 경기에 특히 강해 '밤의 신사'로 불렸던 김일융 투수는 한국 프로 야구에서 압도적 실력을 과시하며 초특급 대우를 받은 대표적인 재일 교포 선수들이었다. 장명부는 한국 프로 야구에서 최초로 억대 연봉을 받은 선수였다. 그의 뒤를 잇는 억대 연봉 선수는 김일융이었다.

이렇듯 한국 야구는 오랫동안 일본의 영향권 아래 놓여 있었다. 물론 해방 이후 한국 사회는 야구를 '일본 스포츠'로 바라보지 않았다. 하지만 그건 어디까지나 인식의 문제였고 현실은 그렇지 않았다. 1960년대 박정희 정권이 산업화를 추진할 때 일본은 궁극적으로 우리가 극복해야 할 대상이기도 했지만, 일차적으로는 뒤따라가야 할 벤치마킹의 대상이었다. 그런 점에서 1963년 재일 교포 선수들의 도움으로 아시아 정상에 올랐던 한국 야구는 일본의 경제 원조를 필요로 했던 한국 정치와 공명하고 있었다.

PART IV

고교 야구 황금 시대

1

고교 야구는
명문고의 경쟁 무대

미국 대학 스포츠 중에서 가장 인기가 높고 수입도 많은 종목
은 단연 아메리칸 풋볼(미식축구)이다. 대학 아메리칸 풋볼을
통해 벌어들인 수입 중 일부는 같은 대학교의 비인기 스포츠
종목 팀 운영비로 활용될 정도다. 아메리칸 풋볼이 미국 대학
스포츠의 상징적 존재가 됐던 이유다. 그렇다면 왜 미국 대학
들은 아메리칸 풋볼에 열성적인 투자를 하게 되었을까? 그 기
원이 궁금했다.

그 시작점은 세계 최고의 명문 대학이 몰려 있는 아이비리
그다. 예일대학교 아메리칸 풋볼 팀은 1885년부터 1899년까
지 46연승을 기록한 무적의 팀이었다. 아메리칸 풋볼의 최고
명문 대학으로 자리 잡은 예일대학교는 1914년 7만 5,000명
수용 규모의 경기장을 건설했다.

1888년 무적의 예일대학교 아메리칸 풋볼 팀.
©alamy

예일대학교와 경쟁 관계에 있던 하버드대학교는 예일대학교 아메리칸 풋볼 팀의 성공에 큰 자극을 받았다. 하버드대학교는 예일대학교를 이기기 위해 연봉 7,000달러를 주고 당대 최고의 풋볼 감독을 고용했다. 풋볼 감독이 받게 된 연봉은 학내에서 논란이 됐다. 7,000달러는 하버드대학교에서 가장 많은 연봉을 받는 저명 교수보다 30퍼센트나 높은 액수다. 하지만 경제적인 측면에서 하버드대학교의 결정은 합리적이었다. 하버드대학교에서 최고의 교수가 강의하는 수업에는 기껏해야 수백 명의 학생들이 참가하지만, 하버드대학교의 풋볼 경기는 3만 8,000명이 지켜보기 때문이다.

아이비리그를 대표하는 두 대학교의 아메리칸 풋볼을 둘러싼 경쟁은 곧 다른 지역으로 확산됐다. 명문 대학교로 발돋움하기 위한 노력을 시작했던 중부의 시카고대학교는 유명한 풋볼 감독을 모셔 와 이 경쟁에 뛰어들었다. 이는 시카고대학교의 존재를 미국 사회에 알리는 첫걸음이었다.[1] 이처럼 이 시기에 본격화된 아메리칸 풋볼을 통한 경쟁은 단순히 스포츠 명문이 되기 위해서가 아니라 명문 대학이 되기 위한 경쟁이었다. 강의실과 연구실에서 시작된 명문대의 경쟁은 이렇게 풋볼 그라운드로 확장됐다.

---

1   A. Guttmann(2004). *Sports: The First Five Millennia*. Amherst: University of Massachusetts, 143-144.

1960~1970년대 한국 고교 야구도 이와 같았다. 대학 입시를 위해 교실에서 불붙었던 명문고 사이의 경쟁심은 야구장에서도 일어났다. 야구가 명문고의 경쟁 무대라는 점은 1977년 야구부를 재건했던 전주고가 여실히 보여 준다. 전주고 동문들은 1976년 5월 동창회 긴급 총회를 열었다. 전국 각 시도의 명문고는 야구부를 운영하며 모교와 지역의 명예를 고취시키고 있는 상황에서 전라북도의 대표적인 명문고인 전주고도 야구부를 새롭게 만들자는 게 총회의 핵심 안건이었다. 회의 결과는 야구부 창단과 후원 기금으로 2,000만 원을 모금하는 것이었다.[2]

전주고 동문들의 말처럼 1970년대 많은 입시 명문고의 교기는 야구였으며, 고교 야구 대회는 이들의 무대였다. 1973년 서울대 입학자를 다수 배출한 학교의 순위를 15위까지 살펴보면 야구가 교기였던 학교가 많았다. 경기고, 서울고, 부산고, 경남고, 중앙고, 경북고, 광주일고, 대전고, 경동고 등이었다.[3] 1973년 서울대, 연세대, 고려대 전체 입학자의 28퍼센트를 차지한 한국의 3대 명문 공립고인 경기고, 서울고, 경복고는 모두 야구부를 운영했던 경험이 있었다.

경기고와 서울고는 예산 부족과 학교 측의 관심 저하로 꾸

---

2   조선일보, 1977. 3. 29.
3   조선일보, 1973. 2. 18.

준한 야구부 활동을 하지는 못했지만, 고교 야구의 인기가 높았던 1970년대 중반 야구부를 재건했다. 서울고는 1977년 경북고를 고교 야구 최강 팀으로 지휘했고 훗날 프로 야구 삼성 라이온즈의 초대 감독으로 부임하는 서영무 감독을 모셔 와 이듬해인 1978년 봉황대기 고교야구대회에서 우승을 차지했다.[4] 이 대회에서는 경기고도 4강에 진출해 야구계의 이목을 집중시켰다. 당시 경기고는 홈런 타자 출신으로 나중에 프로 야구 삼미 슈퍼스타즈의 초대 감독이 되는 박현식이 지휘봉을 잡고 있었다. 이해에 경기고와 서울고 야구는 관심의 초점이었다. 1978년 고교 야구 시즌을 여는 첫 경기에 두 팀은 15년 만에 격돌했다. 명문고 라이벌이었던 두 학교의 경기에는 1만 5,000명의 관중이 몰려들었다. 그중에는 서울고 동문 5,000여 명과 경기고 동문 3,000여명이 관중석에서 열띤 응원을 펼쳤다.[5]

그동안 야구에 그리 큰 관심을 두지 않았던 경기고와 서울고는 왜 갑자기 1970년대 중반에 야구부를 재건했던 걸까? 사실 한국인이라면 누구나 알아주는 두 학교는 입시에만 전념해 왔었다. 변수는 1974년 생겨난 고등학교 입시 평준화였다. 이전까지 서울에서 소위 공부 잘하는 수재들은 명문대 진학율이

---

4   동아일보, 1978. 8. 18.
5   조선일보 1978. 3. 19.

월등하게 높은 경기고와 서울고 등에 지원했다. 하지만 1974년부터 서울 시내 중학생들은 학군별로 추첨을 통해 고등학교에 입학하게 됐다. 우수한 학생을 받아 왔던 서울 지역 전통 명문고의 독점적 지위가 사실상 사라진 셈이었다. 이와 같은 고교 평준화는 1974년 서울과 부산을 시작으로 1975년에 대구, 대전, 광주로 확대됐고, 1979년에는 전국 주요 도시에서 시행됐다.[6]

공교롭게도 경기고와 서울고가 명감독을 모교 야구부 감독으로 영입했던 해는 추첨을 통해 뽑은 신입생이 처음으로 대학에 입학했던 1977년이었다. 이해는 경기고와 서울고가 명문대 입학자 배출이라는 측면에서 과거에 비해 그 위세가 약해지기 시작했던 원년이었다. 두 학교는 추첨으로 입학한 학생들이 모교에 대한 긍지와 애착을 갖도록 하는 게 중요했다. 그래서 야구부에 대한 과감한 지원을 그 해결책 중 하나로 생각했다.[7]

고교 평준화로 전통 명문교의 위세가 다소 주춤했던 상황에서 신흥 명문교로 급부상하는 학교도 있었다. 그 가운데 야구를 통해 전국적으로 명성을 높였던 대표적인 고등학교는 신일고와 충암고였다. 1978년 신일고는 서울대, 연세대, 고려대 입

---

6   이가훈(2018), 무한경쟁의 수레바퀴 – 1960~1970년대 학교와 학생, 서울: 서해문집, 185–186.

7   경향신문, 1978. 8. 25.

학자를 112명 배출했고, 충암고는 95명을 합격시켰다. 두 학교 가운데 먼저 야구부를 창단한 학교는 충암고였다. 1968년 야구부를 창단했던 충암고는 1975년 당시 고교 야구 감독으로는 최고 수준 월급인 20만 원과 현금 보너스 600만 원에다 사택까지 제공하는 조건으로 실업 야구 팀 감독이었던 김성근을 모셔왔다.[8] 김성근 감독은 부임 3년 만인 1977년에 충암고를 고교 야구 정상에 올려 놓으며 야구계를 깜짝 놀라게 했다.

충암고가 전국 대회에서 첫 우승을 차지할 때 윤석열 대통령은 충암고 2학년에 재학 중이었다. 윤 대통령의 고교 시절은 충암고가 입시 명문교이자 야구 명문교로 발돋움하던 시기와 겹쳤다. 윤 대통령이 서울대에 입학했던 1979년 충암고는 39명의 서울대 입학자를 배출해 전국 고교 랭킹 11위에 올라 있었다.[9]

신일고는 국가 대표 출신 한동화 감독을 영입한 뒤 1976년 팀 창단 1년 만에 전국 대회에서 우승을 차지했다. 이후 신일고는 고등학교 팀 야구장으로는 최상급의 경기장을 신축했고 광주에 동계 훈련 캠프까지 마련하는 등 마치 실업 야구 팀과 같은 지원을 받으며 야구 명문교로 급부상했다.

1970년대 후반 야구 명문교로 부상했던 신일고와 충암고는

---

8   경향신문. 1976. 9. 30.
9   조선일보. 1979 5 17

악연이 있었다. 충암고의 김성근 감독이 1979년에 갑자기 신일고로 자리를 옮기면서 두 학교는 자연스레 야구 라이벌이 됐다. 김성근 감독의 자서전《꼴찌를 일등으로》에 따르면, 그는 김동엽 감독과의 술자리에서 농담 삼아 "신일고에 자리가 있으면 내가 갈까?"라고 했는데 실제로 김동엽 감독이 이를 곧바로 추진해 신일고 감독이 됐다. 계약 기간을 못 채우고 신일고로 떠나게 된 김성근 감독은 충암고에 부임하면서 받았던 계약금을 학교 측에 다시 돌려줘야 했다. 아이러니하게도 김성근 감독이 신일고로 가면서 공석이 된 충암고 감독 자리는 전 신일고 감독 한동화에게로 돌아갔다.

명문고들의 경쟁 무대가 된 고교 야구의 위상은 높았다. 명문고를 졸업하고 정관계, 언론계와 경제계를 이끌어 가는 한국의 파워 엘리트로 성장한 인사들이 고교 야구에 지대한 관심을 쏟았기 때문이었다. 특히 정치인들이 모교 야구부 후원회를 이끄는 경우가 많았다. 각계 요직을 차지하고 있는 동문들이 한자리에 모이는 명문고의 동창회는 정치인들이 선거 때마다 빠지지 않고 찾는 모임이었다. 이 모임에서는 자주 야구 얘기가 화제에 올랐다. 이 화제의 중심에 서려면 야구부 후원에 적극적으로 참여해야 했다. 실제로 경북고 출신의 공화당 국회의원 이효상, 경남고 출신의 공화당 국회의원 김택수 등은 1970년대 모교 야구부 후원에 가장 적극적인 모습을 보였던 정치인이었다.

이들에게 동창회와 야구부 후원회는 또 다른 선거 유세의 현장이었다. 정치인들이 앞장서 조직한 야구부 후원회는 모교 야구 팀이 전국 대회에 나가 경기를 할 때 그 누구보다도 열성적인 응원을 했다. '그라운드의 동창회'를 방불케 하는 응원 열기가 고교 야구 대회의 중요한 문화로 자리 잡을 수 있었던 원동력이었다.

이보다 더 중요한 게 있었다. 동문들의 야구부에 대한 후원이었다. 고등학교 야구부를 운영하는 데에는 적지 않은 비용이 들었다. 물론 당시에도 고교 야구 선수를 둔 학부모가 야구부 운영비 차원에서 적지 않은 돈을 내는 경우는 있었다. 하지만 훌륭한 감독을 데려와 좋은 환경에서 선수들을 훈련시키기 위해서는 동문들의 후원이 수반되어야 했다.

학부모와 학교만의 힘으로 야구부를 운영했던 적지 않은 고등학교는 재정난으로 야구부를 해체하는 일이 비일비재했다. 실제로 1970년 충북 청주의 세광고는 운영비 100여만 원이 없어 팀을 해체해야 했다. 1955년에 야구부를 창단한 세광고는 그때까지 전교생의 헌금과 학부모의 지원에만 의존해 어렵게 팀을 운영했다.[10] 하지만 해체 통보에도 불구하고 삭발을 한 채 훈련에 전념했던 야구 선수들을 위해 〈조선일보〉를 비

---

10   경향신문. 1970. 6. 17.

롯한 각계의 지원이 답지했고 세광고는 겨우 다시 야구부를 운영할 수 있게 됐다.[11]

한화(한국화약)가 설립한 천안 북일고 등 일부 사립 학교에서는 학교 재단이 야구부에 아낌없는 투자를 해 성과를 내는 경우도 있었지만, 지역 명문 공립 학교는 동문들의 도움이 야구부 성적에 결정적인 영향을 미쳤다. 동문회 회원들이 한국 사회에서 중추적 역할을 하고 있는 경북고, 경남고, 부산고, 광주 일고와 같은 지역 공립 명문고의 야구가 전국 무대에서 지속적으로 좋은 성과를 낼 수 있었던 중요한 이유였다.

이 같은 동문의 야구부 지원이라는 측면에서 공주고의 사례는 특별하다. 공주고는 1977년 충청 지역 팀으로는 최초로 전국 고교 야구 대회에서 우승을 차지했다. 당시 인구 3만 7,000명에 불과한 공주읍에 위치해 있는 공주고의 우승은 이변 중의 이변이었다.

공주고의 성공에는 이유가 있었다. 1974년 야구부를 재창단했던 공주고의 동창회장은 대한야구협회장이었던 김종락이었다. 50년 전통을 지닌 공주고의 동문들은 고교 야구 열기에 힘입어 야구부 재창단을 추진 중이었다. 김종락 회장은 당시 대한야구협회 이사를 맡고 있던 고등법원 부장 판사 정기

---

11   조선일보, 1970. 8. 7.

1977년 공주고는 대통령배 고교 야구 대회 우승을 하며,
창단 후 첫 우승을 맛봤다.
ⓒ 여한뉴스

승 동문과 힘을 합쳐 모교 야구부 창단을 주도했다. 이들은 공주고와 같은 공립 학교에서 야구부 운영을 원활하게 하기 위해서는 야구를 이해하는 교장이 필요하다고 판단해 야구인 출신 교장을 모셔 왔고 국가 대표 출신 선수였던 김영빈을 감독으로 데려왔다.[12]

하지만 공주고가 야구 명문으로 부상하는 데 마지막 걸림돌이 있었다. 선수 수급 문제였다. 인구 규모가 작은 공주읍에서 해결하기 힘든 난제였다. 그래서 공주고는 한때 전국 최고 수준이었던 서울 배명중학교의 야구부 선수들을 데려오려고 했다. 하지만 선수들 학부모가 공주가 너무 시골이라는 이유로 거절해 뜻을 이루지 못했다.[13] 공주고는 다른 지역에서 유망주를 데려올 수밖에 없었다.

1977년 공주고가 대통령배 고교 야구 대회에서 우승을 차지할 때도 그런 선수들이 많았다. 대표적인 선수는 포수이자 강타자로 공주고의 우승을 이끌었으며 2008년 베이징 올림픽에서 한국 야구가 금메달을 따는 데 감독으로 공헌했던 김경문이었다. 대회 MVP를 수상했던 김경문은 원래 야구 명문 부산고에 진학했지만, 공주고 야구부로 스카우트됐었다. 이 과정에서 김경문은 1975년 부산고와 공주고의 이중 등록 선

---

12   중앙일보, 1977. 5. 18.
13   조선일보, 1977. 5. 18.

수로 지정됐지만 후에 문제가 해결되어 공주고 선수로 뛸 수 있었다.[14] 아이러니하게도 공주고가 1977년 대통령배 결승에서 만난 팀은 부산고였다. 김경문은 결승전에서 동점타를 기록하는 등 대활약을 펼쳐 부산고를 울렸다.

1974년 대한야구협회 수뇌부의 노력으로부터 시작된 공주고의 전국 대회 우승 프로젝트는 이렇게 완성됐다. 공주고의 우승은 읍 단위 고등학교 야구 팀 가운데 최초의 우승이기도 했다. 이제 고교 야구는 몇몇 대도시 명문고의 잔치가 아니었다. 문자 그대로 전국 방방곡곡의 명문고가 경쟁하는 축제가 됐다. 지역 명문고가 고교 야구 대회 우승을 차지하면 시도민 환영 대회와 카퍼레이드가 자주 펼쳐졌다. 야구는 명문고 간의 경쟁을 넘어 지역 간의 경쟁의 무대가 됐다.

---

14   동아일보, 1975. 4. 1.

2

공화당은 왜 영호남
친선 야구 대회를 개최했나?

1971년 치러진 제7대 대통령 선거는 여당 후보가 영남에서 몰표를 받고, 반대로 야당 후보가 호남에서 압도적인 지지를 받는 정치 지형이 만들어졌던 최초의 선거였다. 여당인 공화당 국회 의장으로 경북고 출신인 이효상 의원이 대구 유세에서 "경상도 대통령을 뽑지 않으면 우리 영남 사람들은 개밥에 도토리 신세가 된다."라는 발언을 했던 것도 이 선거였다. 제7대 대통령 선거를 기점으로 영남과 호남의 반목은 심화됐다.

특히 박정희 정권 아래에서 지역 차별의 희생양이 되고 있던 호남 사람들은 영남 정권에 대한 감정이 극도로 악화되고 있었다. 1976년 '역광선' 파동은 호남 사람들이 정부의 푸대접에 얼마나 분노하고 있었는지 잘 보여 줬다. 〈중앙일보〉의 세 줄짜리 촌평인 '역광선'은 그해 7월 한 달 내내 계속됐던 가뭄과 해갈 소식에 대해 이렇게 썼다.

> "중부·영남·영동은 해갈, 호남은 빼고, 천심의 푸대접을 어찌할
> 꼬…"[15]

정부의 경제 정책은 물론 요직 인사 등 모든 부분에서 차별을 겪고 있던 호남 사람들은 이 짧은 기사에 극도로 분개했다. 호남 사람들은 〈중앙일보〉가 호남을 마치 하늘조차 차별하는 지역으로 언급한 것에 대해 해명을 요구했다. 호남 지역 청년회의소 등 사회단체들은 '중앙일보 안 보기 운동'과 '삼성 제품 불매 운동'을 동시에 전개했다.

영호남 갈등은 정치, 경제는 물론 사회 각 부문에서 발현됐다. 스포츠 무대도 예외는 아니었다. 영호남의 갈등과 경쟁 구도가 가장 잘 반영된 곳은 1970년대 고교 야구였다. 1960년대 후반부터 1970년대 초반까지 고교 야구를 석권했던 도시는 대구였다. 1967년부터 1974년까지 28차례 펼쳐진 주요 전국 대회에서 대구의 경북고와 대구상고(현 대구 상원고)는 모두 합쳐 18회나 우승했을 정도로 대구 야구의 위세는 막강했다. 이 가운데 경북고는 무려 13회나 전국 대회 우승을 차지

---

15   중앙일보, 중앙일보 30년사, 서울: 중앙일보사, 716

한 고교 야구의 최강자였다. 특히 경북고는 대통령 선거가 있었던 1971년에 서울에서 펼쳐졌던 4대 전국 대회 우승을 모두 휩쓸었다.

경북고는 일제 강점기 시절에는 대구고보였다. 공립고등보통학교로 식민지 조선에서 경성과 평양에 이어 세 번째로 개교한 학교였다. 흔히 제3고보로 불렸던 대구고보는 지역의 수재들이 다니는 학교로 정평이 높았다. 해방 이후 경북고는 1961년 5·16 군사 쿠데타부터 1992년 김영삼 정권이 들어서기 전까지 정·관계의 요직을 독점하다시피 했던 국내 최고의 인문계 고등학교가 됐다. 5·6공화국 시기에 워낙 요직에 경북고 출신이 많아 이들 동문들은 전화 한 통으로 모든 민원을 해결할 수 있다는 얘기까지 나왔다.[16] 그래서 한국 사회를 쥐락펴락하는 TK(대구·경북) 마피아의 총본산은 경북고라는 평가가 잇따랐다.

경북고가 한국을 대표하는 고등학교로 발돋움하던 시점에 야구부 활동이 본격적으로 이뤄졌다. 경북고의 전신이었던 대구고보는 1920년대 일본인들에 의해 야구부가 창설됐다. 해방 이후 경북고로 이름이 바뀐 뒤 야구부는 1954년에 조직됐지만, 이렇다 할 성적을 내지 못한 채 5년 뒤에 해체됐다. 경북

---

16   신동아, 2007년, 6월호, 240.

고 야구부가 다시 부활한 건 1965년이었다. 경북고는 이 시기에 대구를 대표하는 야구 명문교 대구상고에 비해 열세를 면치 못하다가 2년 뒤에 전국 대회 정상에 올라 야구계를 깜짝 놀라게 했다.

경북고 야구의 힘은 막강한 동문 조직에서 나왔다. 경북고는 동창회장이었던 이효상 의원이 주축이 돼 1만 6,000명에 달하는 모교 야구부 후원회를 결성해 300여만 원의 기금을 마련했다. 물가 상승을 고려해 현재의 화폐 가치로 환산하면 1억 원이 넘는 돈을 모금했던 경북고 야구부는 1969년과 1971년에 경북 지역 고교 야구 팀과 연합해 일본 원정 경기를 치르기도 했다.[17] 동문들의 지원 속에서 최강 팀으로 성장한 경북고는 박정희가 대선에서 승리했던 1971년 고교 야구 무대를 평정했다. 경북고는 서울에서 펼쳐진 4개 전국 대회와 부산에서 열린 화랑대기에서 모두 우승을 차지했다. 워낙 경북고가 압도적인 모습을 보여 줬기 때문에 "고교 야구 팬들이 경북고가 지는 모습을 보기 위해 동대문 야구장을 찾는다."라는 얘기가 나올 정도였다.[18]

경북고가 앞장서 이룬 대구 야구의 압도적 전성시대는 1972년

---

17   조선일보, 1967. 7. 1; 경북중고등학교 동창회(1976), **경북중고등학교 60년사**, 대구: 경북중고등학교 동창회, 454-458.

18   Sports 2.0, 2007. 8. 18.

1963년 국회 의장이었던 이효상(가운데).
경북고 동창회장이기도 했다. 왼쪽은 박정희 대통령.
ⓒ연합뉴스

낙후된 항구 도시 군산에 위치한 군산상고에 의해 잠시 멈췄다. 군산상고는 1972년 황금사자기 대회에서 9회말 대역전극을 펼치며 우승을 차지했고, '역전의 명수'라는 별칭을 얻게 됐다.

군산상고의 우승은 곧 전남 광주로 전파됐다. 광주 야구의 최대 후견인은 김종태 〈전남일보〉 사장이었다. 그는 한국을 대표하는 명문고인 경복고 출신으로 1957년 모교 야구부가 부산에서 펼쳐진 화랑대기 대회에서 우승을 차지한 뒤 야구에 관심을 갖게 됐고, 고향으로 내려와 전남 지역 최고 명문고인 광주일고를 중심으로 지역 야구 발전에 힘을 쏟았다. 그는 최우선적으로 1970년도에 전남 중·고야구연맹을 창설하고 광주 시내에 고교 야구부 4개, 중학교 야구부 8개를 발족시키는 등 지역 야구의 하부 구조를 구축했다. 이렇게 갑자기 광주 지역에 야구부가 생겨날 수 있었던 원동력은 그가 지역 중학교와 고등학교에 야구부 운영비 지원을 하겠다는 약속을 했기 때문이었다. 그는 중학교와 고등학교 팀이 만들어진 뒤 전남 지역에서 야구 연맹전을 개최했다.

하지만 광주 지역민들은 야구에 대해 별 관심이 없었다. 경기장 입장료가 무료였음에도 불구하고 관중석은 텅텅 비었다. 김종태 사장은 광주 출신 박병규 회장(1925~1977)이 운영했던 해태제과로부터 100원짜리 과자 1만 봉지를 제공받아 입장객에게 나눠주기도 했지만, 시민들은 과자만 받고 돌아가는 경

우가 많았다.[19]

김종태 사장이 야구 불모지 전남에 뿌린 씨앗은 1975년에 만개했다. 광주일고는 이해에 대통령배 고교 야구 대회에서 우승을 차지했다. 이 대회는 영호남을 대표하는 명문고인 경북고와 광주일고가 결승에 진출해 흥행 돌풍을 연출할 수 있었다. 7일 동안 펼쳐진 대통령배 고교 야구 대회의 총관중은 20만 명을 넘어섰다. 이는 고교 야구 단일 대회 역사상 최다 관중 기록이었다.[20] 정치권에서도 경북고와 광주일고의 결승전은 화제가 됐다. 여당인 공화당과 야당인 신민당의 주요 인사들은 여야를 떠나 한국 정치의 동반자가 되자는 취지로 서울 시내 한 식당에서 만나 이 결승전을 TV로 지켜봤다. 이 자리에서 경북 출신인 박준규 공화당 정책위의장과 호남 출신의 이중재 신민당 정책심의회장은 서로 술잔을 부딪히며 자기 지역 팀을 열렬히 응원했다.[21]

실제로 경북고와 광주일고의 대통령배 대회 결승전은 정치 이벤트로 고교 야구 대회가 창설되는 계기도 마련했다. 1972년 유신 체제 이후 더욱 악화된 영호남 지역감정 해소를 위해 공화당 인사들은 고교 야구를 활용했다. 대통령배 대회가 막

---

19   조선일보, 1978. 5. 30.
20   중앙일보, 1975. 5. 15; 중앙일보·동양방송사사 편찬위원회(1975), **중앙일보·동양방송 10년사**, 서울: 중앙일보사, 403.
21   경향신문, 1975. 5. 15.

을 내렸던 시점에 김종필 국무총리와 박준규 의장이 함께한 자리에서 영호남 야구 대회 개최 아이디어가 급부상했다. 이 자리에서 국무총리기쟁탈 영호남 고교 야구 대회가 기획됐다.

대구시에 3개 팀, 광주시에서 6개 팀이 참가해 1975년 9월에 열렸던 영호남 고등학교 야구 대회는 친선과 화합의 무대였다. 대회가 열린 광주 시민들은 경북 선수단에게 아낌없는 박수를 보냈으며 경북고와 대구상고의 교가를 불러 주기도 했다. 전남 지사도 "이젠 광주에서 대구까지 4시간이면 왕래가 가능하니 스포츠와 각종 문화 교류를 통해 친하게 지내자."라고 했다.[22] 하지만 두 지역 간의 라이벌 의식은 광주일고와 경북고의 대결을 앞두고 분출했다. 대통령배 대회 결승전의 재판이었던 이 경기를 앞두고 대구 시민들은 경북고 선수들에게 이번만은 꼭 광주일고를 이겨 달라는 당부를 했고, 광주 팬들도 경북고에 절대로 패해서는 안 된다는 입장이었다. 심지어 광주 시민들은 대통령배 대회 결승전에서 3연타석 홈런을 기록한 김윤환 선수에게 경북고의 에이스 투수 성낙수의 코를 납작하게 만들어 달라는 성원을 보내기도 했다.[23]

이 대회에서도 광주일고가 경북고를 제압하자 대구의 지역 신문 〈영남일보〉는 대구 야구의 각성을 호소했다. "시세(市勢)

---

22   영남일보, 1975. 9. 11: 영남일보, 1975. 9. 9.

23   전남일보, 1975. 9. 6.

가 대구의 반밖에 안 되는 전남도의 경우에도 무려 고교 야구 팀이 6개나 있어 언제나 잦은 경기를 통해 기술 향상에 힘쓰고 있다는 것을 생각할 때 관계 당국이나 체육인들은 경북의 고교 야구의 새로운 탈출구를 모색해야 한다."[24] 〈영남일보〉의 보도 이후 경북도내 고위 관계자들은 곧바로 움직였다. 재정난으로 야구부를 해체한 대구 대건고와 같은 사태를 막기 위해 경북도는 동창회, 육성회 회원과 힉부형이 참여하는 학교 체육후원회를 결성하도록 지시했다.[25]

영호남 야구 대회를 만든 공화당 인사들의 바람처럼 고교 야구는 영호남 지역 갈등을 해소하지 못했다. 오히려 그 반대에 가까웠다. 고교 야구는 이제 명문고 동문들이 가세하는 그 라운드의 동문회를 넘어서 도시와 지역이 자존심을 걸고 경쟁하는 무대로 발전하고 있었다. 이 와중에 지역 갈등의 정서는 역설적으로 고교 야구가 국민 스포츠로 발전할 수 있는 동력을 제공했다. 한국 사회에서 고교 야구는 이제 지역감정과 떼려야 뗄 수 없는 불가분의 관계가 된 셈이었다.

시인 황지우도 1983년 발표한 '5월 그 하루 무덥던 날'이라는 작품을 통해 고교 야구가 지역 갈등의 축소판이라는 점을 꿰뚫어 보고 있었다. 그는 이 시에서 경북고와 광주일고의 경

---

24   영남일보, 1975. 9. 17.
25   영남일보, 1975. 9. 26.

기를 전면에 부각시켰다.

(…)

'慶北高-光州一高, 숙명의 격돌'이라고, 정말 대문짝만하게 '미다시'를 뽑은 '日刊스포츠'로 모자를 만들어 李 선배와 나는 하나씩 머리에 썼다.

(…)

1975년 5월에 펼쳐졌던 대통령배 대회 결승에서 광주일고는 경북고를 제압했지만, 그의 시에서는 경북고가 광주일고를 이겨야 했다. 시에 등장한 시인의 선배는 "광주일고가 지는 게 포에틱 저스티스"라고 말했다. 고교 야구 경기에서 승리를 눈 앞에 두고 있는 팀의 응원단이 자주 불렀던 '잘 있어요'라는 노래가 경북고등학교 동문 응원단에서 흘러나오는 사이 광주일고 출신의 시인은 홈으로 돌아오지 못한 등 번호 18번의 선수를 생각해야 했다. 적어도 시인에게 경북고와 광주일고의 야구 경기는 '그깟 공놀이'가 아니었다. 그에게 홈으로 돌아오지 못한 배번 18번의 선수는 5·18 광주 민주화 운동 당시 목숨을 잃은 희생자가 아니었을까?

드디어, 야구장 안으로 소주병이 날아 들어오고 난리다.

(…)

주심에게 항의하러, 외야 쪽에서 홈으로 달려들어 온 한 휴가병은, 전경 경비대에 그대로 안긴 채 들려 나간다. 관중들은 그에게 박수를 보낸다.

(…)

'慶北高-光州一高, 숙명의 격돌'이라고, 정말 대문짝만하게 '미다시'를 뽑은 '日刊스포츠'로 모자를 만들어 李 선배와 나는 하나씩 머리에 썼다.

(…)

在京慶北高等學校同門應援團 쪽은, "잘 가세요 잘 있어요"를 부르며, 징을 치며, 북을 치며, 그쪽은 그쪽대로 난리다.

(…)

"광주일고는 져야 해! 그게 포에틱 저스티스야."

"POETIC JUSTICE요?"

"그래."

이 선배는 나의 몰지각과 무식이 재밌다는 듯이 씩 웃는다.

(…)

나는 3루에서 홈으로 생환(生還)하지 못한, 배번 18번 선수를 생각하고 있었다.

—황지우, '5월 그 하루 무덥던 날'[26] 중에서

---

26   황지우, 새들도 세상을 뜨는구나, 서울: 문학과지성사, 79-81.

3

상업고가 만든
야구 도시 군산과 마산

야구는 서울, 부산, 대구, 광주, 인천이 주도했던 대도시의 스포츠였다. 1970년대 고교 야구를 주름잡던 팀도 대부분 대도시 팀이었고, 1982년 프로 야구가 출범했을 때도 대도시를 중심으로 팀이 생겨났다. 중소 도시에서 기량이 뛰어난 야구 팀을 만들어 내는 것은 쉬운 일이 아니었다. 중소 도시에는 인구가 적어 선수 수급에 어려움을 겪었다. 설령 중소 도시에 야구 유망주가 있다고 하더라도 고등학교 진학할 때면 야구 전통이 깊고 좋은 지도자가 있는 대도시의 야구 명문교로 진학하는 경우가 많았다. 중소 도시의 고교 야구 팀이 실력 있는 감독을 영입한 경우도 많지 않았다. 그러다 보니 중소 도시와 대도시 고교 야구 팀의 실력 차이는 상당히 벌어져 있었다.

그럼에도 불구하고 몇몇 중소 도시는 야구로 이름을 날렸

다. 그 대표적인 도시가 전북 군산과 경남 마산이다. 공교롭게
도 두 도시의 야구는 상업고가 이끌었다. 야구 팬이라면 누구
나 그 이름을 한 번쯤은 들어 봤던 군산상고(현 군산 상일고)와
마산상고(현 마산 용마고)가 그 주인공이다. 중소 도시에 위치하
고 있던 군산상고와 마산상고는 어떻게 야구 명문교로 부상할
수 있었을까?

이 궁금증을 풀 수 있는 열쇠는 상업고와 은행의 야구 커
넥션이다. 앞서 살펴봤듯이, 1960년대 초반 야구 팀을 만든
시중 은행에는 각 지역 상고를 졸업한 은행원들이 많았다.
2000년대 이후 거의 모든 상업고는 입학생 숫자가 현격하게
줄어들자 인문계 고교로 전환했지만, 1960~1970년대 상업
고의 상황은 달랐다. 한국에서 4년제 일반 대학의 전체 학생
수는 1975년에야 비로소 20만 명을 넘는 수준이었다. 이 시
기 고등학교 재학생 수가 100만 명이었다는 점을 감안하면
대다수 고등학생들은 대학 진학보다는 졸업 후 취업을 선택
해야 하는 시대였다. 그래서 다수의 학생들은 실업계 고등학
교를 선택했고, 그 가운데 상업고는 중요한 위치를 차지하고
있었다.

한국에서 산업화가 본격화되는 시기에 기업과 공장은 빠
른 속도로 확장됐다. 자연스럽게 경리 전문가의 수요가 폭발
적으로 늘어났다. 기업의 영업을 지원하기 위한 금융 기관
이나 공공 기관의 숫자도 많아져 상업고 졸업생들이 취업할

수 있는 일자리는 계속 늘어났다.[27] 상고 졸업생들이 특히 선호하는 직장은 은행이었다. 상고를 졸업하고 은행에 취직하는 것은 저소득층 자제들의 대표적인 입신양명 코스였다. 그래서 상업고는 인문계 고교 못지않은 한국 파워 엘리트 사관학교가 될 수 있었다.

주산부로 유명했던 전북 최고의 명문 상업고인 군산상고는 1962~1977년까지 매년 100명가량의 졸업생이 금융 기관에 취업해, 최고 전성기에는 금융 기관 종사자가 1,500여 명에 달할 정도였다. 상업고등학교로는 최초로 영재 합숙 제도(교내 고시원)까지 만든 군산상고의 노력은 이렇게 결실을 맺고 있었다.[28] 금융 기관에서 군산상고 인맥이 형성되는 시기에 야구도 전국을 제패했다. 군산상고는 1972년 황금사자기 대회 우승을 시작으로 1980년대까지 4대 전국 대회에서 7회나 정상에 올라 야구 명문교로 성가를 높였다.

군산상고 야구 신화의 시작은 1972년이었다. 당시 군산상고는 결승전에서 부산고에 1-4로 끌려가다 9회에 4점을 뽑아 5-4의 기적적인 역전승을 거뒀다. 이때부터 군산상고는 '역전의 명수'로 불렸고 이 별칭은 인구 25만 명의 소도시 군산을 전국적으로 알린 키워드가 됐다. 군산 시민들은 아직도

---

27   무한경쟁의 수레바퀴 - 1960~1970년대 학교와 학생, 59-70.

28   전북일보, 2001. 7. 3.

'역전의 명수'라는 별칭을 잊지 못한다. 코로나 팬데믹 기간 중에 생겨난 군산시 배달 앱의 이름이 '배달의 명수'가 된 까닭이다.

군산상고 야구는 당시 군산을 대표하는 기업인 경성고무 사장이었던 이용일과 국가 대표 출신의 최관수 감독이 만들어 낸 작품이었다. 이용일은 1960년대 중반 군산 지역 야구 발전을 도모하기 위해 초등학교와 중학교 야구 팀 창설에 힘을 쏟았다. 이후 그는 고등학교 야구 팀 창단을 모색했다. 이용일이 먼저 야구부 창단을 제안했던 곳은 사실 군산고였다. 하지만 군산고는 이를 거절했고 대신 1968년 군산상고에 야구부가 생겨났다. 그는 사재 3,000만 원을 털어 군산상고 야구부를 후원했고 야구부 선수들은 경성고무가 직영하는 방앗간에서 쌀을 손수레로 날라 배를 채웠다.[29]

군산상고의 문제는 선수들을 지도할 만한 수준급 감독이 없다는 것이었다. 1982년 한국 프로 야구가 출범하는 데 결정적 역할을 했던 이용일은 경동고와 육군에서 야구를 했던 인물로 야구인들과 가까운 사이였다. 이용일은 인맥을 활용해 국가 대표 투수 출신 최관수를 군산상고 감독으로 데려오고자 했다. 기업은행에서 선수로 은퇴해 당시 서울에서 은행원으로

---

29 투데이 군산, 2020. 7. 9.

일했던 최관수는 기업은행 군산 지점으로 발령이 났다. 그는 월급은 기업은행에서 받았지만 군산상고로 출근해 야구부를 지도했다.

상업고 야구부에서는 이런 방식의 감독 영입이 자주 있었다. 상고 야구부가 은행 고위직 인사와의 인적 네트워크를 활용해 은행 야구 팀에서 은퇴한 실력 있는 젊은 지도자를 데려올 수 있는 유용한 방식이었다. 서울에 본점이 있는 은행에서 일하고 있던 야구 선수 출신 직원을 지방 지점으로 발령을 내 지방 상업고 야구부를 지도하는 일도 흔한 일이었다. 모두 상업고와 은행 간의 강한 유대감이 있었기 때문에 가능한 일이었다.

하지만 이용일이 최관수를 군산상고 감독으로 데려오는 데에는 예상치 못한 어려움이 기다리고 있었다. 이용일이 운영하던 경성고무 군산 공장에 큰 화재가 났기 때문이다. 이미 군산상고 감독직을 수락했던 최관수의 지인들은 그의 군산행을 만류했다. 군산상고 야구부의 재정적 젖줄이었던 경성고무가 당시 이 화재로 회생이 불가능할 것으로 보였기 때문이었다. 최관수 감독 주변 인사들은 "군산으로 갈 생각하지 말고 조건이 좋은 다른 학교로 가라."고 조언했다.[30] 최관수 감독을 스카

30　저부시문, 1976. 5. 26.

우트하기 위해 기회를 엿보고 있던 고등학교 야구부는 적지 않았다.

최관수 감독은 군산상고와의 약속을 지켰다. 그는 경성고무 군산 공장에 화재가 난 지 5일 뒤에 군산상고 감독으로 공식 취임했다. 최관수 감독이 이 결정을 했던 시점에 적지 않은 군산 시민들은 화재 의연금을 보내며 경성고무의 영업 재개를 기원했다. 일제 강점기에 대표적인 미곡 수탈항(港)이었던 군산은 1960년대 국가의 공업 개발 후보지에서 제외되면서 경제적으로 소외된 도시였다. 합판 공장을 위시한 영세한 기업들이 산업을 이끌어 가고 있었다. 그래서 군산 시민에게 경성

이용일 경성고무 사장(가운데). ⓒ조종안

고무는 매우 중요한 회사였다. 경성고무 군산 공장은 직원만 1,700명이나 되는 군산시의 대기업이었으며, 일제 강점기에는 만월표 고무신을 만들어 일본 업자와 경쟁했던 경성고무는 군산의 자존심이기도 했다.[31] 화재로 2억 원의 손실을 본 경성고무에 군산 시민들이 화재 의연금을 보낸 데에는 이런 사연이 있었다. 군산에서 만났던 나창기 전 군산상고 감독은 당시 군산상고 야구부 2학년생이었다. 그는 "경성고무 군산 공장에 난 화재를 진압하기 위해 나를 비롯한 군산상고 야구 선수들이 물동이를 들고 나섰던 순간이 아직도 눈에 선하다."라고 말했다. 그는 "우여곡절 끝에 어렵게 모셔 온 최관수 감독 덕분에 군산상고 야구가 꽃을 피울 수 있었다. 만약 이 화재 사건의 여파로 최 감독이 다른 학교로 갔더라면 군산상고 야구 신화는 탄생하지 않았을지도 모른다."라고 했다.

군산상고 야구는 1971년에 새롭게 태어났다. 군산상고는 대통령배 대회에서 4강에 진출했을 뿐더러 전국 체전에서 우승을 차지했다. 나 전 감독은 1971년에 있었던 일화 하나를 소개했다. 당시 군산상고 선수들이 시내에서 술을 마시고 행패를 벌여 문제가 됐다. 최 감독은 "너희들을 내가 잘못 가르쳤으니 나를 야구 배트로 쳐라."라고 말했다. 선수들은 눈물을

---

31   경향신문, 1970. 8. 6.

영화 〈고교결전 자! 지금부터야〉의 한 장면.

머금고 최 감독을 야구 배트로 쳤다. 군산상고 야구부를 배경
으로 만들어진 영화 〈고교결전 자! 지금부터야〉에도 소개됐던
이 에피소드는 군산상고를 원 팀으로 만드는 촉매제가 됐다.
나 전 감독은 "이때부터 선수들은 최 감독을 믿고 따를 수 있
었다. 매사에 솔선수범했던 최 감독은 구타는 물론 욕도 하지
않았던 참 스승이었다."라고 증언했다.

　야구를 기능적으로 가르쳤던 야구 감독이 아닌 교육자로서
의 역할도 했던 최관수 감독은 사실 군산상고가 아닌 마산상고
감독이 될 수도 있었다. 최 감독이 몸담고 있던 기업은행 고위

인사 가운데는 마산상고 동문도 있었다. 마산상고는 기업은행과의 특수 관계를 활용해 이미 1969년 김성근 감독을 영입했었다.[32] 김성근 감독은 기업은행 마산 지점에서 월급을 받으면서 마산상고를 지휘했다. 한국 프로 야구에서 1,388승을 거뒀으며 SK 와이번스 왕조를 창조했던 '야신(야구의 신)' 김성근의 야구 감독 생활은 마산상고에서 시작됐다. 하지만 김 감독은 마산상고에서 이렇다 할 성적을 내지 못했고, 1970년 기업은행 코치가 되어 서울에 올라왔다. 마산상고는 김 감독이 떠난 공백을 김 감독과 기업은행에서 함께 뛰었던 최관수 감독으로 메우려 했지만 뜻을 이루지 못했다.

1972년 이후 군산상고 야구가 전국 대회 제패를 하면서 전국적인 관심을 받던 것과는 달리 마산상고는 2023년 현재까지도 4대 전국 고교 야구 대회 우승을 차지하지 못했다. 변종민 마산상고 총동문회 부회장도 이 점을 아쉽게 생각했다. 하지만 그는 "우승은 못했지만 마산상고 야구에 대한 동문들이나 시민들의 열정만큼은 대단했다."라고 했다. 변 부회장은 "내가 마산 경남은행에서 일할 때 상사에게 말도 안 하고 평일 근무 시간에 서울로 모교 야구 팀 응원을 간 적도 있었다. 그때는 은행에 마산상고 동문들이 워낙 많아서 별 말을 하지 않았다. 동문들끼리

---

32   꼴찌를 일등으로, 150.

기업은행 첫해인 1962년 김성근(왼쪽)과 최관수(오른쪽).
1970년 최관수 감독은 김성근 감독의 뒤를 이어
마산상고 감독이 될 뻔했다.
ⓒ조종안

버스를 대절해 응원가는 게 일상적이었다."라고 했다.

1964년 마산상고가 황금사자기 대회에서 준우승과 전국 체전 우승을 차지할 때 야구부 후원회장은 최재형(1919~1982)이었다. 일제 강점기 일본인이 즐겨 마셨던 청주가 아닌 소주 중심으로 마산의 주류 산업을 이끌었던 그는 마산 지역에서 육영 사업과 복지 사업을 적극적으로 전개했던 인물이었다. 마산을 대표하는 기업인이었던 그는 재정 지원을 통해 모교인 마산상고의 야구가 발전할 수 있는 토대를 제공했다.

그는 1964년 전국 고교 야구 무대에서 새 바람을 일으켰던 마산상고 선수들이 은행 야구 팀에 입단하는 데에도 영향력을 행사했다. 1964년 스타로 발돋움했던 마산상고의 김차열, 김유성, 정성국은 모두 최재형과 특수 관계에 있었던 제일은행에 입단했다.[33] 이 가운데 김유성과 정성국은 모두 제일은행 마산 지점 소속으로 일하면서 마산상고 야구부를 지휘했다.

1980년 마산상고가 청룡기 대회에서 준우승을 차지했을 때에는 또 다른 야구부 후원자가 있었다. 마산 시내에서 마산곱창식당을 운영했던 마산상고 동문이자 야구 팬인 임정환이 그 주인공이다. 그는 학교 측의 야구부에 대한 지원이 적다는 사실을 알아채고 선수들에게 영양식을 제공하고, 심지어 집안 형편이

---

33   조선일보, 1964. 11. 4.

1972년 황금사자기 결승전에서
우승이 확정되자 군산상고 선수들이 환호하고 있다. ⓒ조종안

어려웠던 몇몇 선수들을 자신의 집으로 데려와 키웠다.

그는 전국 대회 우승을 위해 마산상고 야구부 후원회가 더 적극적으로 선수들을 지원하지 않으면, 마산 지역의 중학교 야구 유망주들을 타 지역 학교로 빼앗길 수밖에 없다는 걸 잘 알고 있었다. 그의 집에서 하숙했던 마산상고 선수 가운데 가장 유명한 선수는 잠수함 투수로 국가 대표는 물론 롯데 자이언츠의 주축 투수가 됐던 박동수를 꼽을 수 있다. 그는 마산상고가 1980년 청룡기 대회 준우승을 차지하는 데에 결정적 역할을 했다.[34]

마산상고 동문들은 한국 프로 야구가 출범하는 데에도 중요한 역할을 했다. 1981년 청와대 교육문화 수석 비서관이었던 이상주는 전두환 정권이 추진하고 있던 야구와 축구 프로화에 깊게 관여했다. 그가 프로화 작업을 추진하고 있을 때, 정무 제1수석 비서관이었던 우병규는 마산상고 동기 동창생이자 야구인 이호헌을 이상주에게 적극적으로 추천해 줬다. 이후 이호헌은 청와대를 60여 차례나 드나들며 프로 야구 창립 프로젝트를 주도했다. 이호헌은 군산 야구의 대부였던 이용일과 함께 프로 야구 출범의 필요성과 구체적인 계획을 제시했고, 1982년 프로 야구가 출범할 수 있었다.

---

34   조선일보. 1978. 6. 2.

이처럼 마산과 군산은 프로 야구 탄생에 크게 기여했지만 정작 프로 야구 팀을 보유하지는 못했다. 대신 마산과 군산 야구 팬들은 마산상고와 군산상고를 졸업한 야구 선수들이 롯데와 해태 유니폼을 입고 뛰는 모습을 지켜봐야 했다.

그랬던 두 도시는 1989년 프로 야구 제8구단 자리를 놓고 경쟁했다. 마산은 한일합섬이 모기업이 되어 경쟁에 뛰어들었고, 전주와 군산을 연고로 하려는 전북 팀의 모기업은 쌍방울이었다. 외견상으로 쌍방울보다 재정적으로 안정돼 있었던 쪽은 한일합섬이었다. 하지만 한일합섬은 특별한 이유 없이 쌍방울에 양보하는 형식으로 제8구단 창단의 꿈을 접었다.

한일합섬의 창단 포기는 이해하기 어려웠다. 한일합섬은 이미 1983년 마산을 연고로 프로 야구 팀 창단 신청을 했던 전력이 있었고, 한일합섬의 김중원 회장은 경남고 시절 야구 선수로 활약했던 야구 팬이었기 때문이었다. 그래서 한일합섬의 결정에 정치권의 입김이 작용했을 거라는 추측이 난무했다.

이 가운데 1988년 호남을 정치적 근거지로 하는 평민당이 제1야당이 됐다는 점이 한일합섬의 양보와 관련이 있다는 분석이 가장 설득력이 있었다. 집권 여당인 민정당이 평민당의 황색 돌풍과 당시 프로 야구 무대를 휩쓸고 있던 해태 타이거즈를 탐탁지 않게 생각했다는 것이다. 실제로 1987년 대통령 선거를 앞두고 해태의 홈 구장이었던 광주 무등경기장에서는 선거에 나섰던 김대중 후보를 연호하는 팬들의 외침이 울려 퍼졌다. 그래서인지 민정당은 전남과 전북을 아우르고 있던 해태의 영향력을 약화시키기 위해 전북 지역 프로 야구 팀 창단을 은근히 바랐다는 얘기가 흘러 나왔다.

당시 KBO(한국야구위원회)의 이웅희 총재가 민정당 국회 의원이라 프로 야구 제8구단 후보 선정은 정치적으로 결정됐다는 소문도 퍼졌다. 평민당의 한 고위당직자도 "호남의 구심은 김대중 총재와 해태인데, 전북 구단이 창설될 경우 구심력이 하나 상실되는 것이 아니냐."라며, "제8구단 창설은 호남 지역을 약화시키고 분열시키기 위한 정치 공작이 아닌지 따져 볼 필요가 있다."라는 말까지 했을 정도였다.[35]

결국 제8구단은 전주와 군산을 연고로 한 쌍방울의 몫이 됐다. 군산의 야구 팬들도 쌍방울 경기를 군산 월명경기장에서 지켜볼 수 있게 됐다. 하지만 쌍방울은 1997년 외환 위기 이후 모기업의 경영 악화로 역사 속으로 사라졌다.

이후 전북 지역에는 프로 야구 팀이 새롭게 생겨나지 않았다. 반대로 2011년에는 마산과 진해가 통합되어 새롭게 출범한 통합 창원시에서 프로 야구 팀 NC 다이노스가 창단됐다.

고교 야구 전성시대에 야구 도시로 떠올라 프로 야구 출범까지 이끌었던 군산과 마산 야구의 출발점은 누가 뭐래도 군

35　한겨레 신문, 1989. 5. 23.

산상고와 마산상고다. 하지만 이 두 학교의 이름은 이제 우리의 기억 속에만 남게 됐다.

은행 등 기업에서 상업고 출신 졸업생을 선발하지 않아 상업고의 위상이 하락하기 시작했던 2000년대에 접어 들면서 명문 상업고는 하나둘씩 변화를 모색해야 했다. 이 시기에 대부분의 상업고는 인문계 고등학교로 전환해야 했다. 마산상고도 2001년 인문계 고등학교인 마산 용마고로 전환했다. 어려운 상황에도 불구하고 상업고 명칭을 그대로 쓰며 버텨 왔던 군산상고도 2023년 인문계 군산 상일고로 바뀌었다. 2022년 군산상고를 방문했을 때 이미 이런 분위기가 감지되고 있었다. 그때 이홍찬 군산상고 야구부장은 "졸업생들의 취업이 과거에 비해 여의치 않다 보니 신입생 지원자가 대폭 줄어 들었다. 일반 학생들을 위해 기숙사를 지었지만 입사 희망자가 없어 이 건물을 야구부가 쓰고 있다."라고 했다.

프로 야구가 출범하기 전 상업고등학교 야구 선수들은 은행 팀에 들어가기 위해 노력했다. 물론 상업고 일반 학생들의 목표도 은행에 입사하는 것이었다. 군산상고 출신으로 해태 타이거즈 전성기를 이끌었던 강타자 김성한은 은퇴를 앞두고 이런 인터뷰를 남겼다. "군산상고에는 공부 잘하는 학생들만 뽑아 은행 취업반 두 반을 만들었습니다. 그 친구들은 밤잠 자지 않고 공부를 하는데, 저는 공부로는 도저히 은행에 들어갈 수 없고…. 그래서 야구를 열심히 해 은행에 들어가자고 결심한 것이지요. 다른 아이들이 밤잠 안 자고 공부할 때 저는 야구 연습을 했습니다."[36] 하지만 이제 이런 목표를 가지고 야구를 하는 선수는 없다. 상업고 야구부는 사실상 멸종 상태다. 은행에서도 더 이상 상업고 출신 직원을 찾기가 어렵다.

군산상고로 가는 길에는 야구의 거리가 조성돼 있다. 이 거리에는 군산상고 야구를 빛낸 동문들의 사진과 프로필이 빼곡히 붙어 있다. 화분도 야구공 모양이다. 이 거리 바닥에는 군산 시민들이 군산상고 야구에 대해 남긴 짧은 글귀들도 석판에 새겨져 있다. 군산상고가 군산 상일고로 바뀌었다는 소식을 접했을 때, 난 1년 전 군산에서 걸음을 멈추고 봤던 글귀 하나가 머리 속에 떠올랐다.

"역전하는 순간 군산시 소주, 막걸리는 바닥이 났다. 덩달아 내 주머니도 비었다. 그날이 그립다."

경기상고를 제외하면 고교 야구 무대에서 자취를 감춘 상업고의 야구 전성시대가 나도 그립다.

---

36   동아일보, 1996. 10. 1.

4

구도(球都) 부산과
전파 월경

부산은 한국을 대표하는 야구 도시다. 부산을 연고지로 하는 롯데 자이언츠에 대한 부산 지역 팬들의 관심만 봐도 왜 부산을 '구도(球都)'로 부르는지 잘 알 수 있다. 한국 프로 야구 역사상 한 시즌 평균 관중 2만 명 이상의 기록을 달성한 구단은 두 개밖에 없다. LG와 롯데다. LG는 2013년에 오직 한 번 이 기록을 달성했다. 반면 롯데는 이 기록을 무려 4회(2008, 2009, 2011, 2012)나 세웠다. 특히 2008년 롯데의 평균 관중 2만 1,901 명은 프로 야구 역대 최다 기록으로 남아 있다.

당시 롯데는 정규 시즌에서 9연승을 기록했고, 8년 만에 '가을 야구'에 진출했다. 당시 한국 프로 야구 최초의 외국인 감독이었던 롯데의 제리 로이스터는 부산의 영웅이 됐고, 팬들의 열광적인 응원가 함성에 휩싸였던 사직구장은 세상에서 가장 큰 노래방으로 불렸다.

한국 야구가 2008년 베이징 올림픽 야구에서 금메달을 획득한 이후 맞이한 프로 야구 관중 증가에도 롯데의 역할이 컸다. 마침 롯데는 2008년부터 2012년까지 5년 연속 포스트 시즌에 진출했다. 2010년을 제외하면 이 기간 동안 롯데는 모두 평균 관중 2만 명 이상의 신기원을 이룩했다. 한국 프로 야구가 2012년 역대 최고의 평균 관중 기록(1만 3,451명)을 수립할 때도 롯데의 평균 관중 숫자는 10개 구단 중 가장 많았다.

롯데 팬들이 만든 응원 문화도 특별했다. 이제는 한국 프로 야구 응원 문화에서 빼놓을 수 없는 선수 테마송과 응원가는 롯데 자이언츠에서 시작됐다. 1992년 롯데가 두 번째 우승을 차지한 이후 부산 팬들이 롯데 구단 버스에 팬들이 응원 메시지를 남겼던 문화는 한국 프로 스포츠 전역으로 확대됐다. 비닐 봉투를 머리에 쓰고 신문지를 흔들며 펼치는 롯데의 응원은 일본에서도 유명해져서 한 일본 여행사가 사직 야구장 응원을 패키지 여행 코스에 넣기도 했다.

프로 야구 시대 이전에도 부산은 야구 도시로 불릴 만했다. 이미 1960년대 부산 시내 곳곳에서는 야구 글러브로 공을 주고받으며 노는 학생들로 붐벼 택시 운전사들이 신경을 곤두세웠다. 또한, 부산고, 경남고, 부산상고, 경남상고 등 부산 지역에는 유달리 야구 명문교들이 많이 몰려 있었다. 이 때문에 주요 전국 고교 야구 대회 출전권을 놓고 학교 간에 치열한 경쟁이 펼쳐졌다. 지역 라이벌 학교 간의 야구 경기는 관심이 모아졌다. 예선전이 펼쳐질 때면 참가교의 학생들과 동문들이 야구 응원에 나섰고, 부산 시내 다방과 술집에서는 야구 얘기로 꽃을 피웠다. 특히 부산의 명문 고교 경남고와 부산고가 맞붙는 지역 예선 경기는 서울에서 펼쳐지는 웬만한 전국 대회 경기보다 관심이 뜨거웠다.

1970년 청룡기 대회 부산 지역 예선 결승전은 경남고와 부산고의 대결이었다. 경남고 동문들은 부산고 경기에 맞춰 동창회 모임을 앞당겨 끝내고 야구장으로 가서 열광적인 응원을 펼쳤다. 경남고가 패하자 이들은 패배의 아픔을 술로 털어냈다.[37] 부산에서 이런 일은 일상적이었다. 이처럼 전국 야구 대회 지역 예선에 부산만큼 시민들의 열기가 뜨거운 도시를 찾기는 어려웠다. 중앙 일간지에서 부산 지역 예선전 소식을 빼놓지 않고 보도했을 정도였다.

야구 열기가 워낙 뜨겁다 보니 특정 선수에 대한 팬덤도 강했다. 부산을 대표하는 투수 최동원에 대한 팬들의 사랑은 특히 강했다. 1970년대 중반 최동원이 경남고 유니폼을 입고 뛸 때부터 부산 지역 학생들의 관심은 그에게 집중돼 있었다. 당시 중학생이었던 한 팬의 증언은 이를 잘 보여 준다.

---

37   조선일보, 1970. 5. 28.

경남고 출신으로서 부산 야구의 상징인 최동원.
ⓒ연합뉴스

"부산에서 최동원은 경남고 다닐 때부터 유명했다. 최동원은 괴정에 살고 있었고 우리 집은 버스 몇 정거장 거리였다. 몇 번인가 최동원이 연습 경기를 하러 내가 다니던 대신중학교에 온 적이 있다. 그런 날은 철망 바로 뒤에 붙어 아주 가까이서 최동원을 볼 수 있었다. 최동원의 볼은 '윅' 소리를 내며 '픽'하고 포수 미트에 꽂혔다. 최동원을 보기 위해 그의 집으로 찾아간 일도 있다. 엉성하게 라이트 시설과 망이 설치돼 있던 기억이 난다. 담이 안 높으니까 그냥 찾아가서 보는 거였다. 친구 중에 '최동원 광(狂)'도 많아 최동원 경기가 있는 날엔 구덕운동장 담도 꽤 넘었다. 그때는 담을 넘다 걸려도 경비 아저씨가 청소를 시킨 뒤 야구를 보게 하던 시절이었다."[38]

부산이 야구 도시로 발돋움 하는 데에 있어 빼놓을 수 없는 것은 라디오와 TV를 통해 일본의 야구 중계를 듣고 볼 수 있었다는 점이다. 이 같은 전파 월경(越境)은 부산 야구에 큰 영향력을 미쳤다. 일본 프로 야구 중계를 통해 야구의 묘미를 깨우친 부산 야구 팬들은 어느 지역 야구 팬보다도 경기를 보는 안목이 높아 심판들도 판정 하나하나에 신경을 더 많이 써야

---

38   정범준(2008), 거인의 추억: 야구선수 최동원 평전, 서울: 실크캐슬, 96-97.

1984년 부산의 풍경. 부산에서는 TV 안테나를 곧추세우면
일본 방송을 수신할 수 있었다.
ⓒ인힙뉴스

했다는 얘기도 있었다.[39]

부산 팬들의 일본 야구 중계 '청취'는 1964년을 기점으로 서서히 일본 야구 중계 '시청'으로 바뀌기 시작했다. 1964년은 도쿄 올림픽이 열렸던 해였다. 당시 한국 방송사는 도쿄 올림픽을 라디오로만 중계했다. 하지만 부산에서는 일본 TV 방송을 통해 올림픽 경기를 시청할 수 있었다. 1964년 부산에서는 TV 수상기 판매가 급증했다. 1962년까지 600대에 불과했던 부산의 TV 수상기 대수는 1964년 4,000대로 늘어났다.[40]

TV 수상기가 설치된 부산 시내 다방은 올림픽 경기를 시청하기 위한 사람들로 가득 찼다. 심지어 올림픽 TV 중계를 보기 위해 서울 등 다른 지역에서 부산으로 간 사람들도 있었다. 한 달간 월세를 내고 부산에 방을 얻는 사람들도 생겨날 정도였다.[41] 박정희 대통령도 부산에서 도쿄 올림픽 경기를 TV로 시청을 했다. 박 대통령은 부산 동래관광 호텔에서 한국 권투 선수 정신조와 일본 선수 간의 금메달 결정전을 지켜봤다.[42] 그는 한국의 사상 첫 올림픽 금메달을 기대하며 부산으로 내려가 일본 방송을 시청했지만, 결과는 정신조의 패배로 끝났다.

도쿄 올림픽으로 인한 TV 판매 특수로 부산에서는 일본

---

39   조선일보, 1970. 5. 28.
40   경향신문, 1964. 10. 9.
41   경향신문, 1964. 1. 15.
42   조선일보, 1964. 10. 24.

'부산에 일본 TV 붐'이라는 제목의 기사를 전한 1962년 10월 22일 〈경향신문〉.
'당국의 자숙 경고에도 시청자 급증'이라는 부제가 눈에 띈다.

방송 시청이 하나의 문화로 정착했다. 1980년대 부산에서는
〈KBS〉, 〈MBC〉와 더불어 일본 〈NTV〉(니혼 TV)가 3대 방송으
로 손꼽힐 정도였다. 부산 사람들은 일본 방송의 일기예보도
참고했고, 무엇보다 야구 도시의 시민답게 일본 프로 야구 중
계도 자주 봤다.[43] 물론 부산 어린이들은 일본 방송에서 나오
는 애니메이션도 볼 수 있었다. 최동원도 초등학교 시절부터 일
본 프로 야구를 대표하는 요미우리 자이언츠의 경기와 일본 야

구 만화 원조라고 불리는 '거인의 별' 애니메이션을 그의 아버지와 즐겨봤고, 주인공이 던지는 마구에 매료돼 혼자서 연습을 했다고 밝힌 바 있다.[44]

부산이 야구 도시로 탄생한 것은 해방 공간이었다. 부산 중등학교 팀은 1946~1950년까지 펼쳐진 모두 8회의 전국 대회(청룡기 5회, 황금사자기 3회)에서 모두 6회나 우승했다. 해방 후 1946년에 처음 열린 제1회 청룡기 중등학교야구대회에서부터 부산 야구는 만개했다. 이 대회에서 우승은 부산상업, 준우승은 경남중학이 차지했다. 부산에 주둔하고 있던 미군 야구 팀과 연습 경기까지 치르며 대회를 준비했던 부산상업에는 180센티미터의 거인 투수 김상대가 있었다. 당시 기준으로는 엄청난 장신이었던 김상대는 고층 건물에서 내리꽂는 듯한 강속구로 상대 타선을 무력화시켰고, 스스로 대회 최초의 홈런까지 기록했다.[45]

이 시기 부산 야구의 전통을 만든 건 오히려 준우승 팀 경남중학이었다. 경남중학은 이후 청룡기 대회와 황금사자기 대회에서 모두 합쳐 5회의 우승을 차지했다. 경남중학은 전국 대회에서 자주 우승해 '우승기 배달부'라는 별명을 얻었다. 경남중학 야구 전성기는 당시 매우 희귀했던 왼손 강속구 투수 장태영

---

44   거인의 추억, 36-37.
45   자유신문, 1946. 8. 10; 1946. 9. 15.

에 의해 만들어졌다. 장태영이 1947년에 이어 1948년 청룡기 대회에서 경남중학을 우승으로 이끌자 〈자유신문〉은 그를 "초 중학급의 신기(神技)"라고 극찬했고, 경남중학에는 다른 팀에서 찾아볼 수 없는 '일사불란의 팀워크'가 있다고 평가했다.[46]

경남중학의 전국 제패에는 학교 야구부 후원회장이었던 장 태영 아버지의 역할도 컸다. 그는 자신이 경영하는 소화목장 에서 선수 합숙 훈련을 하도록 도왔고, 이들에게 목장에서 나 오는 우유까지 먹였다. 쌀값이 폭등해 전국에서 쌀을 달라는 시위가 끊이지 않았던 시기에 우유는 경남중학 야구 선수들의 영양 공급원이었다.[47]

경남중학이 야구로 명성을 떨치면서 부산에서는 야구 붐 이 일어났다. 부산 지역의 명문인 부산중학도 1947년부터 부 산 시내 중학야구대회에 참가하기 시작했다. 이 대회에는 경 남중학과 부산중학은 물론 부산상업, 경남상업과 동래중학 이 출전해 열기를 더했다. 이 가운데 동래중학은 1949년 황 금사자기 대회에서 준우승을 차지하기도 했다. 동래중학은 이 대회 결승전에서 동향의 라이벌 경남중학에 석패했다. 당 시 동래중학의 에이스 투수는 어우홍이었다. 그는 프로 야구 가 출범하던 1982년 한국이 세계야구선수권대회 우승을 차

---

46   자유신문, 1948. 6. 9.
47   장태영, 배구와 함께한 세월: 장태영 야구인생 70년, 서울. 토시出판 종, 44.

지할 때 감독이었다.

지방 대학 최초로 야구부가 탄생한 곳도 부산이었다. 1948년 부산 동아대는 야구부를 창설했다. 여기에 전국 규모의 중등학교야구대회인 쌍룡기 대회도 부산에서 열렸다. 역시 지방 대회로는 최초였다. 제1회 쌍룡기 대회는 부산 지역 팀은 물론, 마산, 대구와 서울 팀도 참가했다. 하지만 4강에 오른 팀은 모두 부산 지역 팀이었고 우승은 경남중학이 차지했다. 쌍룡기 대회는 고교 야구가 전성기를 누리게 되는 1974년 화랑대기로 대회 명칭이 변경된다.[48]

쌍룡기 대회의 주최사는 〈산업신문사〉로 사장은 부산 지역의 대표적 기업가 김지태였다. 섬유업으로 큰돈을 번 김지태는 1970년대 한국의 주력 수출 상품인 운동화 제조사 삼화고무를 경영했다. 삼화고무는 1974년 나이키 운동화를 주문자생산방식(OEM)으로 생산하면서 부산이 한국 신발 산업의 메카로 자리매김하는 데 견인차 역할을 했던 업체다.[49]

구도 부산의 전통은 해방 공간에서 만들어졌다. 장태영은 그의 자서전에서 부산의 야구가 이 시기에 꽃을 피운 것은 전국 제1의 항구 도시 부산이 패망으로 인해 떠나가는 일본인들과 38선 이남 지역에 진주를 시작한 미군들의 대합실 역할을

---

48   한국야구사, 448-449.
49   부산일보, 2019. 6. 20.

했기 때문이라고 했다. 실제로 장태영이 양질의 글러브를 구할 수 있었던 건 일제 강점기부터 부산에 있었던 '후타바야' 운동구점 덕분이었다. 이 운동구점은 야구인 출신의 조선인이 해방 후에 운영했다. 또한 경남중학의 고광적 감독은 선수들을 지도하기 위해 부산의 미군 부대를 통해 얻은 야구 서적을 탐독했다. 이처럼 부산의 지정학적 위치는 야구 도시로 발전하는 데 큰 역할을 했다.[50]

---

50   배구와 함께할 세월, 48-63.

5

신문사 주최 고교 야구 대회와
패자 부활전

한국의 중앙 일간지는 누가 뭐래도 슈퍼 엘리트 집단이다. 1960년대 이후 1990년대까지 중앙 일간지 편집국장의 77퍼센트는 서울대, 연세대, 고려대 출신이었으며, 지난 2016년 조사 결과 중앙 일간지 기자들의 60.1퍼센트는 3대 명문 대학교 출신이었다.[51] 워낙 명문대 졸업생이 중앙 일간지에 많다 보니 자연스레 명문고 출신의 신문 기자들도 많았다. 특히 고교 야구가 큰 인기를 누리고 있던 1960~1970년대에는 이런 현상이 지배적이었다. 당시 적지 않은 명문고가 야구부를 운영했기 때문에 엘리트 신문 기자들에게 야구는 친숙한 종목일 수

---

51   미디어 오늘, 2018. 7. 2.

밖에 없었다.

더욱 중요한 부분은 당시 4대 중앙 일간지(〈동아일보〉, 〈조선일보〉, 〈중앙일보〉, 〈한국일보〉)가 모두 전국 고교 야구 대회를 주최하며 서로 치열하게 경쟁하고 있었다는 점이다. 4대 중앙 일간지의 고교 야구 대회 개최는 순차적으로 이뤄졌다. 〈동아일보〉는 1947년부터 황금사자기 대회를 주최했고, 〈조선일보〉는 원래 해방 직후 〈자유신문〉이 주최했던 청룡기 대회를 이어받아 한국 전쟁이 끝난 뒤부터 주최했다. 이후 〈중앙일보〉와 〈한국일보〉는 후발 주자로 대통령배 대회와 봉황대기 대회를 각각 1967년과 1971년부터 주최하기 시작했다. 4대 일간지가 모두 고교 야구 대회를 개최하는 데 가장 큰 역할을 했던 한 명을 꼽으라면 단연 선린상고 출신으로 야구에 관심이 지대했던 장기영(1916~1977)이었다. 그는 〈조선일보〉 사장 시절 청룡기 대회 개최권을 가져왔고, 나중에 〈한국일보〉 사주가 되면서 봉황대기 대회까지 열었다.

4대 일간지에 고교 야구 대회는 신문사의 핵심 사업이었다. 1973년 4대 중앙 일간지가 개최했던 고교 야구 대회의 총관중은 약 46만 6,000명이었으며, 이를 하루 평균 관중으로 계산하면 1만 4,000명이 넘었다. 같은 해 봉황대기 대회의 총관중은 거의 18만 명에 육박하고 있었다. 학생들의 여름방학 기간에 지역 예선전 없이 참가 신청을 한 모든 고교 야구 팀이 참가할 수 있었던 봉황대기 대회는 관중 수입에서도 약 3,100만 원을

신문사 주최 고교 야구 대회를 이야기할 때
반드시 언급돼야 하는 인물인 장기영 〈한국일보〉 사장.
ⓒ한국일보

기록했다.[52]

하지만 고교 야구 대회를 주최한 4대 일간지는 이 관중 수입 가운데 20퍼센트만 순이익으로 남길 수 있었다. 전체 입장 수입에서 운동장 사용료, 대한야구협회에 내야 하는 돈과 기타 제비용을 제외해야 하기 때문이다.[53] 4대 일간지가 1974년 고교 야구 대회 개최를 통해 얻은 입장 수입이 1억 3,600만 원이라는 점을 감안하면 순이익은 대략 2,700여만 원 정도였다. 〈조선일보〉 사주였던 방우영 회장의 말처럼, 고교 야구 대회에서 발생한 이익금은 사원들에게 특별 보너스를 지급할 수 있는 규모의 액수였을지는 몰라도 엄청난 이익이라고 보기에는 힘들었다.[54]

그럼에도 불구하고 4대 일간지가 고교 야구를 놓고 치열하게 경쟁했던 이유는 분명했다. 한국의 신문 총발행 부수는 1970년 200만 부에서 1980년에는 500만 부로 늘어났다. 이 사이에 신문은 광고 수입이 급격하게 늘어나면서 광고 매체로 자리 잡을 수 있었다. 신문의 총광고 수입은 1970년 152억 원에서 1979년 2,180억 원으로 치솟았다.[55] 광고 수입은 주로 판매 부수에 따라 결정되기 때문에 4대 일간지의 판매 경쟁은

---

52 월간야구, 1974년, 2월호, 63.

53 동아일보, 1974. 8. 31.

54 거인의 추억, 63.

55 장순범(2007), 한국대중매체사, 서울: 인물과 사상사, 532.

1970년대에 불붙을 수밖에 없었다. 판매 경쟁에서 우위를 점하기 위해 4대 일간지가 대중들에게 인기가 높은 고교 야구 대회에 전력투구했던 것은 어쩌면 당연한 수순이었다.

4대 일간지는 자사의 이익을 위해 고교 야구 대회 관련 기사를 한 달 전부터 끊임없이 양산했다.[56] 이 시기에 고교 야구 대회 결승전 관련 보도는 4대 일간지 1면부터 크게 다루는 게 일반적이었다. 지금이야 인터넷을 통해 스포츠와 관련된 갖가지 정보를 볼 수 있는 시대이지만, 1970년대에는 고교 야구에 관련된 정보를 사실상 4대 일간지가 독점하고 있었다. 고교 야구 팀의 역사, 올해 전망이나 유망주 소개 등에 관심이 있는 사람이라면 4대 일간지를 봐야 했다.

때로는 스포츠 면이 아닌 사회 면에도 고교 야구 관련 기사가 등장하기도 했다. 주로 고교 야구부를 열광적으로 응원하는 지역 팬들의 반응이나 우승 팀을 위한 카퍼레이드와 환영회 기사가 사회 면의 단골 소재였다. 시시콜콜한 내용의 기사도 사회 면에 자주 등장했다. 부산 지역의 한 열혈 야구 팬이 다방에서 TV로 경기를 시청하다가 응원하던 팀이 패하자 찻잔을 집어던졌다거나 갓을 쓴 노인이 고향 팀 경기를 보기 위해 전파사 앞에서 TV 중계를 봤다는 기사가 그 대표적인 예

---

56   경향신문, 1975. 11. 13.

다. 다른 학원 스포츠에서는 찾아볼 수 없었던 신문사의 고교 야구 보도 열기는 고교 야구가 하나의 대중문화로 자리잡는 데 큰 영향을 미쳤다. 이런 언론의 '야구 사랑'은 1980년대 프로 스포츠가 만들어진 후에도 지속돼 프로 야구가 한국에서 가장 성공한 프로 스포츠로 발전하는 원동력이 됐다.

4대 일간지의 경쟁 속에서 성장한 고교 야구 대회에는 특별한 제도가 있었다. 패자 부활전이다. 패자 부활전은 불운과 실수로 아쉽게 탈락한 팀에게 두 번째 기회를 준다는 점에서 의미가 있었다. 하지만 패자 부활전은 내일이 없는 단판 승부제라고 할 수 있는 토너먼트 방식으로 운영되는 고교 야구 대회의 문제점이었다. 특히 패자 부활전을 거쳐 올라온 팀이 선수층도 두껍고 활용할 수 있는 투수도 많다면 8강이나 4강에서 패하고도 우승을 차지할 수 있었기 때문이다.[57]

1964년 청룡기 대회가 그랬다. 이 대회에서 신예 청량종합고 (현 경기기계공고)는 승자 결승에 진출해 화제를 불러일으켰다. 하지만 청량종합고는 패자 부활전을 거쳐 최종 결승전에 올라온 부산상고에 패해 준우승에 만족해야 했다. 야구 전통이 깊고 선수층도 두터운 부산상고는 패자 부활전의 혜택으로 우승을 차지할 수 있었다.[58] 만약 패자 부활전이 없었다면 우승은 공업과

---

57   조선일보, 1964. 7. 24.
58   조선일보, 1964. 7. 19.

상업계 과정뿐만 아니라 인문계 코스도 있었던 청량종합고였다. 사실상 인문계 고교와 상업 고교가 차지하고 있었던 전국 고교 야구 대회 우승팀 목록에 최초로 '종합고'가 들어갈 수 있었던 상황이 패자 부활전 때문에 사라진 셈이었다.

청량종합고의 우승을 빼앗아 간 패자 부활전은 전국 고교 야구 대회를 주최하는 중앙 일간지들이 상업적인 면을 고려해 만든 제도였다. 패자 부활전은 전국 고교 야구 대회에서 경기 숫자가 늘어나면 입장 수입이 늘어난다는 점에 착안해 만들어진 제도라고 볼 수 있다. 패자 부활전은 〈한국일보〉가 주최하는 봉황대기 대회를 제외한 나머지 3개 전국 대회에서 모두 존재했었다. 봉황대기 대회는 참가 신청한 모든 고교 야구 팀이 대회에 나설 수 있어 경기 수가 많았기 때문에 굳이 패자 부활전을 할 필요가 없었다.

토너먼트 대회의 공정성은 물론 선수 혹사와 수업 결손에도 영향을 미친다는 비판 때문에 패자 부활전은 1972년 자취를 감췄다. 하지만 1973년 청룡기 대회에서 패자 부활전은 부활했다. 이유는 단순했다. 청룡기 대회 참가 팀이 전년도 18개에서 12개로 줄어들었기 때문에 부족한 경기 수를 메우기 위해서였다.[59] 이후 패자 부활전은 청룡기 대회에서만 지속되다가

---

59   동아일보, 1973. 6. 9.

1979년 중앙 일간지가 개최하는 전국 고교 야구 대회에서 완전히 사라졌다.

1970년대 4대 일간지의 경쟁 속에서 성장한 고교 야구는 패자 부활전뿐만 아니라 근본적인 문제를 안고 있었다. 고교 야구 대회를 주최하지 않았던 〈경향신문〉은 고교 야구 전국 대회의 열기로 고교 야구 선수들이 희생양이 되고 있다는 비판을 내놓았다. 실제로 학교의 명예를 위해 전국 대회에서 성적을 내야 하는 고교 야구 선수들은 아침부터 저녁까지 볼과 배트만 가지고 씨름해야 하기 때문에 담임 선생님의 이름이나 교실도 모른다는 얘기가 회자됐다. 수업 결손이 일상화된 환경 속에서 매년 250명의 고교 야구 졸업 선수 중에서 70명가량만 대학이나 실업 팀에 스카우트되기 때문에 나머지 선수들은 운동선수도 학생도 아닌 '사회 낙오자'로 전락했다.[60]

이 같은 문제가 심화된 것은 4대 고교 야구 대회를 축으로 전국 대회가 너무 많았기 때문이었다. 1975년 고교 야구 대회는 3월 하순부터 11월 중순까지 무려 12개나 됐으며, 1971년 4대 고교 야구 대회 우승을 석권했던 경북고는 이해에 무려 56경기에 출전했을 정도였다.[61] 1975년 대한체육회장을 역임했던 이철승 신민당 국회의원이 "고교 야구가 일년 내내 펼쳐

60   경향신문. 1975. 11. 14: 경향신문. 1975. 11. 18.
61   경향신문. 1975. 11. 17.

지니 선수들은 언제 공부를 하느냐!"라고 고교 야구 대회의 범람을 성토한 이유도 여기에 있었다. [62]

고교 야구에 대한 각계의 비판이 쏟아지자 대한야구협회는 4대 일간지가 주최하는 전국 대회를 1년에 2개 대회씩 번갈아 가며 치르자는 방안을 제시했지만 현실화되지는 않았다. [63] 고교 야구 대회는 4대 일간지에게 수익을 보장해 주면서 자사 홍보를 할 수 있는 최고의 플랫폼이었다. 고교 야구는 교육의 연장선이 아니라 대중적 오락거리가 됐다. 4대 전국 대회에서 4강 이상의 좋은 성적만 바라보며 체육 특기자 자격으로 대학 입학을 바랐던 선수들은 '야구 기계'가 돼야 했다. 대학 진학이나 실업 팀 입단에 실패한 선수들을 위한 '패자 부활전'은 없었다. 이는 한국의 언론 권력을 장악하고 있던 엘리트 집단인 4대 일간지가 주도한 1970년대 고교 야구의 슬픈 자화상이었다.

---

62   동아일보, 1975. 8. 21.
63   전남일보, 1975. 9. 15.

6

라디오와 TV를 지배한
고교 야구 중계

1955년 2월 도쿄쓰신고교(東京通信工業, 소니의 전신)가 출시한 트랜지스터 라디오 TR-55는 히트 상품이 됐다. 이 라디오의 발매는 향후 세계를 제패하게 된 일본 전자 업계 성공 신화의 서막이었다. 일본은 이때부터 '가미카제의 나라'가 아닌 '트랜지스터의 나라'가 됐다.[64]

TR-55는 야구 중계의 역사도 바꿨다. 일본 야구 팬들은 휴대용 트랜지스터 라디오의 출현에 힘입어 난생 처음으로 야구장에서 야구 중계를 들을 수 있게 됐다. 일본 야구 팬들에게 라디오는 서서히 필수품이 됐다. 라디오는 야구 경기를 보는

---

64   이어령(1982), 《축소지향의 일본인》, 서울: 갑인출판사, 264-265.

묘미를 증폭시켜 주는 마법 상자였다.

어렸을 때 야구장에서 경기를 볼 때면 귀에 이어폰을 끼고 라디오 중계를 듣는 어른들이 너무 부러웠다. 투수의 구종이나 타자의 세세한 기록 같은 건 현장에서 알 수 없다. 더욱이 야구는 실제 플레이가 이뤄지지 않는 시간이 많다. 그래서 중간중간 캐스터나 야구 해설 위원의 코멘트가 그 시간의 여백을 채워 줘야 경기에 계속 몰입할 수 있다. 중학교 때 휴대용 라니오가 하나 생겼을 때 곧바로 야구 생각이 난 것도 이런 이유였던 것 같다. 물론 야구장에 갈 때마다 라디오를 꼭 챙겨 갔다. 경기를 보는 맛이 배가 되는 것 같았다. 공부할 때도 라디오를 자주 들었다. 음악 방송을 들을 때도 있었지만, 라디오 야구 중계도 참 많이 들었다. 지금 생각하면 화면이 나오지 않는 라디오 야구 중계에 왜 그렇게 빠져 있었는지 모르겠다.

난 화면을 볼 수 없는 라디오 야구 중계가 가끔 더 드라마 같다고 생각했다. 내가 응원하는 팀의 선수가 공을 치자마자 캐스터가 흥분된 목소리로 "레프트, 레프트, 크다!"라고 하면, 나도 모르게 타자가 친 타구의 궤적을 혼자 상상했다. 물론 너무나 허무하게도 캐스터의 그다음 코멘트가 "파울~"이었던 경우가 많지만, 머릿속으로 상상했던 타구가 홈런이 되면 정말 기뻤다. 라디오 중계로 듣는 홈런은 마치 깜깜한 터널을 빠져나와 빛을 볼 때의 느낌이었다. 화면이 아니라 갑자기 터져나오는 캐스터의 코멘트로 홈런 여부를 확인할 수 있었기 때문이었다.

한국에서 라디오가 대중화된 건 1960년대였다. 1957년만 해도 전국적으로 라디오 수신기가 약 13만 7,000대에 불과했지만 1963년에는 70만 대를 넘어섰다. 1960년대 중반에 라디오는 보편적인 매체가 됐고, 라디오 청취는 대다수 지역에서 가능해졌다.[65]

라디오의 대중화가 이뤄지던 시기에 라디오 야구 중계의 시대도 열렸다. 이 시기 라디오 스포츠 중계는 주로 농구, 축구, 권투 종목이 높은 비중을 차지하고 있었다. 야구는 주로 국내 대회 중에서 준결승과 결승만 중계되는 게 일반적이었다. 하지만 점차 야구 중계의 비중이 늘어나기 시작했다. 당시 〈KBS〉 아나운서였던 박종세는 그의 자서전을 통해 고교 야구 대회를 중심으로 매일 중계방송이 펼쳐질 수 있도록 노력했다고 증언했다. 그는 PD와 함께 대회 대진표를 꼼꼼하게 살펴 그날 경기 중 사람들의 관심을 끌 만한 경기를 중계방송하기 시작했다. 대회 내내 중계방송이 이뤄지다 보니 차츰 야구에 대한 관심이 높아졌고, 고교 야구 대회에서 시작된 이런 변화는 대학 야구와 실업 야구까지 확산됐다.[66]

---

65 주창윤(2011), 1960년 전후 라디오 문화의 형성과정, 미디어 경제와 문화 9(2), 7-43.

66 박종세(2004), 방송, 야구 그리고 나의 삶, 서울: 나우북스, 100-101.

전 국민의 대중적인 오락 매체였던 라디오. 온 가족이 라디오 주변에 모여 앉아 인기 프로그램을 청취했다. 1960년대 중반에 라디오는 보편적인 매체가 됐고, 라디오 야구 중계 시대도 열렸다.
ⓒ연합뉴스

1970년대 초반에 TV가 라디오를 대신해 야구 중계의 중심 매체로 자리 잡아 갔지만, 여전히 라디오 야구 중계는 TV에 비해 훨씬 더 대중적이었다. 한국의 TV 수상기 보급 대수는 이미 1974년에 200만 대를 넘어섰지만, 이는 3.5 가구당 TV 수상기가 1대 있는 비율에 불과했다.[67] 더욱이 서울을 비롯한 일부 대도시와 지방의 가구당 TV 수상기 보급률은 차이가 많이 났다. 그래서 안방극장 시대로 불리는 1980년대가 되기 전까지 TV 야구 중계는 주로 다방이나 전파사에서 시청하는 게 일반적이었다. 하지만 라디오 야구 중계는 그렇지 않았다. 집은 물론이고 경기장이나 택시, 버스 등의 이동 수단 안에서도 들을 수 있었다. TV와 라디오 야구 중계는 이렇게 공존하고 있었다.

야구 중계의 대중화는 1963년 아시아 야구 대회에서부터 본격화됐다. 1964년 말 TV 수상기 대수는 전국에 약 5만 대에 불과했다. TV는 사치품이었다. 라디오로 중계 방송을 듣는 사람들이 대부분이었다. 길거리에서 중계를 듣다 한일전 야구 경기에 흠뻑 빠져 평소에 하지 않던 실수까지 하게 된 한 23세 여성의 에피소드는 라디오 야구 중계가 당시 어떻게 대중 속으로 파고들었는지 잘 보여 준다. 〈동아일보〉 독자 투고란을

---

67   경향신문, 1975. 1. 11.

통해 밝힌 그녀의 사연은 이렇다. 퇴근길에 라디오 점포 앞을 지나다 아나운서의 격한 말소리를 듣고 발걸음을 멈췄다. "란나 풀베이스, 쳤다, 홈인, 홈인!" 아나운서의 감격에 찬 목소리를 듣고 여성은 순간 "야~!" 하고 환호성을 외치며 옆에 있던 사람의 팔을 부여잡았다. 그녀가 팔을 잡은 사람은 공군 장교였다. 공군 장교는 빙그레 웃음을 짓고 있었지만, 그녀는 부끄러움에 새빨개진 얼굴로 집으로 뛰어가야 했다.[68]

아시아 야구 대회는 야구 중계라는 측면에서 의미가 컸다. 이 대회는 한국 방송 역사상 처음으로 스포츠 중계 방송료가 책정된 대회였다. 대한야구협회는 이 대회의 각 경기마다 1만 원씩의 중계 방송료를 방송사에 청구했다. 당시 1만 원은 금 10돈에 해당되는 가격이었다.

민간 방송국에서는 협회의 요구에 대해 별다른 이의가 없었지만, 시청료도 받지 않고 스폰서도 잡을 수 없는 〈서울중앙방송국〉(라디오 방송국)에서는 예산이 없어 곤란하다는 입장을 내비쳤다.[69] 1963년 〈KBS-TV〉가 독립 채산제로 발족하면서 시청료로 월 100원을 받았지만, 나중에 〈KBS〉로 합병됐던 라디오 방송국인 〈서울중앙방송국〉은 당시 시청료는 물론 광고도 할 수 없었다. 1963년 TV 스포츠 중계는 다른 민영 TV 방송

---

68   동아일보. 1963. 10. 3.

69   조선일보. 1963. 9. 25.

국이 없었기 때문에 〈KBS〉의 독점적 사업 모델이었다.

문제는 카메라가 한 대밖에 없다는 점이었다. 더욱이 현장 중계를 하는 데 필수적인 중계차도 한 대뿐이었다. 이 때문에 여러 종목의 경기 시간이 겹치면 한 종목을 택해야 했다. 1962년 7월부터 1963년 6월까지 야구 경기 중계가 14회에 그쳤던 이유였다.[70] 하지만 〈KBS〉는 아시아 야구 대회를 맞아 당시로는 매우 이례적으로 카메라 두 대를 동원해 입체적인 화면을 내보냈다.

1970년대 고교 야구의 인기가 높아질 무렵 국내 TV 방송사는 〈KBS〉를 비롯해 3개로 늘어나 있었다. 이들 TV 방송국의 고교 야구 중계 경쟁은 치열했다. 야구 해설 위원 섭외 경쟁은 물론 1루 측에 가장 좋은 카메라 설치 장소를 잡기 위해 3개 방송사 중계 팀은 경기 시작 3시간 전부터 신경전을 펼쳤다.

당시 TV 방송사는 대회 주최 측에 야구 중계료를 냈다. 경기장 사용료라는 명목으로 지불했던 이 금액은 국제 경기의 경우 2만 4,000원, 국내 경기는 6,000원이었으며, 녹화 중계는 3,000원에 불과했다. 방송사 입장에서 야구 중계는 가성비가 좋은 프로그램이었다. 중계료도 높지 않았을 뿐 아니라 제작비도 많지 않지만, 인기는 높았던 야구 중계를 방송사가 자주

---

70   조선일보, 1963. 6. 30.

할 수 있는 이유였다.[71]

  방송사 입장에서 고교 야구는 또 다른 강점이 있었다. 고교
야구 대회는 야간 경기가 존재했다. 이는 다른 고교 스포츠에
서 찾기 힘든 고교 야구만의 특권으로서 4대 고교 야구 대회
가 모두 1966년 야간 조명탑 시설을 갖추게 된 동대문야구장
에서 열렸기 때문이었다. 야간 경기 중계는 TV 시청률이 높아
서 방송사들이 선호할 수밖에 없었다.

  고교 야구의 인기가 높아지자 〈TBC〉는 1974년 대통령배
고교야구대회 전 경기를 TV 중계한다고 대대적인 홍보를 했
다. 하지만 1974년은 제1차 석유 파동의 충격이 남아 있던 시
기여서 문화공보부는 〈TBC〉의 계획을 승인하지 않았다. 문
화공보부는 주중 정규 방송이 시작되는 6시 이전에 펼쳐지는
야구 경기의 TV 중계를 금지시켰다.[72] 〈TBC〉는 결국 주말에
펼쳐지는 경기의 TV 중계방송을 하는 데 만족해야 했다. 하
지만 〈TBC〉의 대회 전 경기 중계 계획은 이 시기에 방송사 입
장에서 얼마나 고교 야구 대회가 의미가 컸는지 잘 알 수 있는
증거다.

---

71   경향신문, 1975. 5. 13.
72   조선일보, 1974. 5. 23.

PART V

프로 야구의 원형을 제시한

해외 교포

1

프로 야구의 초석을 놓은
재미 교포 홍윤희

지난 2005년 한국 야구 100주년 기념 행사가 펼쳐졌을 때, 재일 교포 야구 선수 장훈이 눈물을 흘리는 모습을 봤다. 그는 프로 야구 개막전 영상에서 눈을 떼지 못했고 손수건으로 눈가에 맺힌 눈물을 닦았다. 눈물을 흘리는 야구 전설의 모습에 나도 눈을 떼지 못했다. 재일 교포로 일본 프로 야구를 대표하는 강타자 반열에 오른 장훈은 그 누구보다 1982년 한국 프로 야구 창설에 기뻐했다. 그는 한국 프로 야구의 창립을 공개적으로 주장한 최초의 야구인이었다.

장훈이 한국 프로 야구 창설을 주장하게 된 시점은 1972년이었다. 일본인들의 차별과 가난 속에서 오기와 집념으로 타격 왕에 오른 장훈은 이해에 한국을 방문해 국민적 영웅이 됐다. 장훈은 방문 중에 중고등학교 야구 선수를 대상으로 1일

도에이 플라이어스 시절 도쿄 고라쿠엔 구장에서 타격 훈련을 하고 있는 장훈.
1972년 장훈은 한국 프로 야구 창설을 주장했다. ⓒ일본 야구전당박물관

코치를 했고, 이때 한국 야구의 미래를 위한 프로 야구의 필요
성을 절감했다. 장훈은 한 신문에 편지 형식으로 프로 야구 창
설의 필요성을 역설하는 글을 실었다. "한국에 야구 붐이 일고
있다면서도 선수들의 장래에 확실한 비전이 없다. 그들에게
시간적 여유와 훌륭한 지도자만 있다면 일본 (프로) 야구를 앞
지르는 것은 시간 문제라는 자신감을 느꼈다."라고 썼다.[1]

---

1   경향신문. 1973. 1. 19.

당시 한국은 고교 야구 전성시대가 펼쳐졌지만 성인들이 뛰는 실업 야구는 고사 상태였다. 팬들의 외면을 받자 실업 야구는 '팬 서비스 데이'를 지정해 입장료도 받지 않고 평일에는 일반석 가격을 절반으로 인하했다. 하지만 별 효과가 없었다. 신문, 라디오와 TV도 고교 야구에는 열을 올렸지만, 실업 야구에는 시큰둥했다. 오히려 이들이 관심을 보인 것은 일본 프로 야구나 미국 프로 야구였다. 미국 프로 야구 월드 시리즈 TV 녹화 중계까지 이뤄졌으며 일본 프로 야구 초청 경기가 열렸다. 대중적으로 실업 야구는 소외되고 있었다.

더욱이 오랫동안 실업 야구를 이끌었던 금융권 야구 팀도 이 시기에 어려움을 겪었다. '서정쇄신(庶政刷新)' 때문이었다. 박정희 정권 주도로 1975년부터 시작된 서정쇄신은 한마디로 사회 부조리를 없애자는 취지로 시작했다. 그중에 핵심은 부정부패, 비리 척결과 악습 폐지였다.[2] 은행권에서는 오랫동안 시간 외 수당을 받아 왔는데, 서정쇄신 때문에 이를 받을 수 없게 됐다. 당시까지 은행원들은 시간 외 근무를 하지 않아도 수당을 지급해 왔었지만 정부는 이를 악습으로 간주했다.[3] 시간 외 수당을 사실상의 봉급으로 생각했던 은행원들은 이를 받아들여야 했다.

---

2   경향신문. 1975. 12. 27.
3   조선일보 1975. 4. 30.

은행원 대접을 받으면서 은행 야구 팀에서 뛰던 선수들도 마찬가지로 시간 외 수당을 받지 못했다. 은행 야구 팀 소속 선수들의 월급은 줄어들었고 사기는 저하됐다.[4] 기업은행에서 뛰다 육군에 복무하고 있던 배대웅은 "쌀 1가마에 2만 원이 넘는데 은행 월급은 4만 원이 조금 넘었다. 월급이 아니라 용돈 수준이었다."라고 말했을 정도였다.[5] 상황이 이쯤 되자 고등학교를 졸업한 야구 선수들은 이제 은행이 아니라 대학으로 향했다. 1975년 연세대, 고려대, 한양대, 건국대 등은 대부분의 고교 유망주들을 모두 스카우트해 갔다. 대학 간의 야구 선수 스카우트 경쟁이 치열해지자 대학으로부터 1,000만 원을 받고 대학 야구 팀에 들어가는 경우도 생겨났으며, 대학에서 숙식비와 운동 보조금까지 선수에게 주기도 했다.[6] 은행은 야구 선수들에게 더 이상 매력적인 직장이 아니었다.

공교롭게도 은행 야구 팀의 위상이 떨어졌을 때 한국 프로 야구 창설을 위한 구체적 계획이 만들어지고 있었다. 1976년 1월 발족한 한국성인야구 재건 및 프로야구 준비위원회의 야구 재건 5개년 계획이었다. 언론에도 공개된 이 계획은 1976년 실업 야구 10개 팀을 양대 리그로 나누어 각 시도에 분산시

---

4   동아일보, 1975. 11. 13.

5   거인의 추억, 82.

6   경향신문, 1978. 4. 21.

켜 130~140경기를 치르는 정규 시즌과 양대 리그 승자 간 코리안 시리즈를 치른다는 내용이다. 1977년에는 서울, 대전, 인천, 대구, 부산, 광주에 6개 프로 야구 팀을 만들고 야간 경기를 위한 시설을 갖추게 한 뒤 1978년에는 서울과 전주에 팀을 증설한다는 것도 이 계획의 주요 골자였다.[7] 여기에 실업 팀의 소속 선수를 출신 지역별로 분류해 6개 프로 야구 팀에 배분한다는 것도 포함돼 있었다. 고교 야구에서 생겨난 지역과 야구와의 결합을 프로 야구에 그대로 담아내기 위해서였다.[8]

이 계획의 입안자는 재미 교포 사업가 홍윤희였다. 그에게는 야구를 통해 국가에 기여하고 싶은 소망이 있었다. 그의 인생은 한국 전쟁 때문에 바뀌었다. 그는 1950년 국군 간부 후보생으로 입교를 기다리는 도중 한국 전쟁을 맞았다. 북한군의 기습적인 남침으로 서울을 빠져나가지 못했던 그는 어쩔 수 없이 북한 인민의용군에 가담해야 했다. 하지만 그는 인민군의 총공세 계획을 접하고 한국군 진지로 목숨을 건 도주를 했다. 그가 제공한 인민군 작전 계획 덕분에 한국군과 UN 연합군은 전세를 역전시킬 수 있는 발판을 마련했다. 하지만 그는 이후 '북한의 간첩'이라는 오명을 뒤집어쓰고 사형 선고를 받았다. 그는 1955년 출소했지만 박정희 정권이 1973년 좌익 경

---

7   조선일보, 1976. 2. 7.
8   동아일보, 1976. 2. 6.

한국 프로 야구의 설계자 홍윤희.
ⓒ정은진

력자를 사찰하고 구금할 수 있는 사회안전법을 만들자 미국으로 떠나야 했다.[9]

홍윤희는 미국에서 사업을 하며 자리를 잡았지만 명예 회복을 할 기회는 요원했다. 그러던 차에 그는 한국에 프로 야구를 만들겠다는 꿈을 키웠다. 그는 미국 메이저리그 사무국과 여러 구단을 방문해 얻은 결과를 토대로 한국 프로 야구 창설 계획을 세웠다.

그의 꿈은 실현되지 못했다. 박정희 대통령은 홍윤희가 만든 계획을 거들떠보지도 않고, 이를 보고하려는 박정희의 맏사위(전처 소생 딸의 남편)인 한병기 UN 공사에게 오히려 호통을 쳤다. 홍윤희는 그 이유를 자신의 사촌들이 박정희 대통령의 숨기고 싶은 과거를 많이 알고 있었기 때문이라고 추측했다.[10] 그 과거 중 하나는 박정희 대통령이 일제 강점기 문경보통학교에서 교사로 재직하다 만주로 떠나게 된 일이었다. 박정희는 1940년 교편 생활을 접고 만주군관학교로 갔다. 이 결정에는 복합적인 이유가 있었다. 박정희는 당시 부인과 사이가 좋지 않아 방학 때에도 가족이 있는 구미에 가지 않고 문경에 남아 있었다. 또한 박정희는 군인으로 출세하겠다는 야심이 강했다. 그는 당시 일제의 최고 권력 집단인 군대에 가고 싶어서

---

9   매일신문, 2018. 7. 24.
10   OSEN, 2021. 1. 22.

만주행을 결정했다.[11] 이 결정은 그가 친일 문제에서 자유롭지 못하게 된 결정적 계기가 됐다.

박정희 대통령이 홍윤희 계획안을 외면했던 이유는 또 있었다. 프로 야구가 관중 동원을 하기 위해서는 야간 경기가 중요했다. 홍윤희의 계획안도 이를 비중 있게 다뤘다. 하지만 1975년에는 오일 쇼크로 인한 정부 차원의 야간 경기 개최 제한 조치가 시행된 시기였다. 1975년 11월 대한체육회는 정부의 에너지 절약 정책에 맞춰 국내 대회 경기를 주간에 치르도록 지시했다.[12] 그래서 1976년에는 고교 야구의 야간 경기 숫자가 줄어들었다. 이 같은 정책적 기조는 1977년에도 계속됐다. 당시 상공부는 문교부 장관이 승인하는 국제 경기를 제외한 경기장 야간 조명 사용 금지 조치를 고시했다.

더욱이 박정희 정권은 조국 근대화를 이루기 위해 사회 구성원들을 특정한 방향으로 유도하는 '훈육 국가'를 지향했다.[13] 국민들의 소비와 유흥은 규제의 대상이었다. 1975년 박정희 대통령이 "만약 컬러 TV 방송이 시작되면 소비성만 높아질 것이다."라며 우려한 것도 비슷한 맥락에서 이해할 수 있다. 컬러 TV 수상기의 국내 생산은 1974년 아남산업이 일본 나쇼

11   정운현(2004), **실록 군인 박정희**, 서울: 개마고원, 70-82.

12   **동아일보**, 1975. 11. 19.

13   조희연(2007), **박정희와 개발독재시대 - 5·16에서 10·26까지**, 서울: 역사비평사, 173.

날 전기와 합작해 시작됐으며 1976년 삼성전자가 독자 개발에 성공했다.[14] 하지만 컬러 TV 방송은 1970년대에 이뤄지지 않았다. 이처럼 정권 차원에서 절약과 절제를 국민들에게 강요했던 시기에 프로 야구 창설은 어울리지 않았다. 소비와 유흥 문화의 전성기는 야간 통행금지 철폐, 교복 자율화와 컬러 TV 방송이 이뤄진 1980년대부터 열렸고, 이때 프로 스포츠도 태동했다.

그럼에도 불구하고 홍윤희의 프로 야구 창설 계획안은 중요했다. 1981년 제5공화국 정권 수뇌부에게 전달됐던 프로 야구 계획안은 홍윤희의 계획서를 기반으로 만들어졌다. 1990년대 야구 팬들의 교과서였던 야구 잡지 〈주간야구〉의 편집장을 지낸 홍순일은 "홍윤희의 계획이 있었기 때문에 1981년에 프로 야구 설립 방안을 채 한 달도 안 돼 만들 수 있었다."라고 말해 줬다. 이처럼 홍윤희는 1982년 시작된 프로 야구의 원형을 제시한 설계자라고 해도 과언이 아니다.

그는 지난 2013년 북한군의 스파이였다는 누명에서 벗어났다. 북한군에 대한 결정적 정보를 제공한 그는 법원으로부터 한국 전쟁 초기에 UN군과 한국군에 공헌했다는 점을 인정받아 무죄 판결을 받았다.

---

14 조선일보, 2010. 1. 13.

2

재벌의 야구 팀 창단을 이끈
재일 교포 신격호

한국의 재벌은 특별한 의미를 가지고 있다. 재벌의 총수 자리가 자녀들에게 계승되기 때문이다. 해외에서도 이런 경우는 있지만, 한국 재벌과 같은 가족 승계 문화가 광범위하게 발생하지 않는다. 이런 독특한 한국 재벌의 성격 때문에 'Chaebol'이란 단어가 옥스퍼드 영어 사전에 등재됐다. 문어발식으로 계열사를 운영하는 선단식 경영을 추구했던 한국의 재벌은 1970년대를 기점으로 엘리트 집단으로 자리 잡았다. 사원들이 양복에 달았던 대기업의 배지는 마치 고교 평준화 이전에 명문교 학생들이 착용했던 모자에 붙어 있는 학교 마크와 같은 위력을 발휘했다.

대기업들은 한국 엘리트 스포츠에 투자를 많이 했다. 대부분의 대기업 회장들은 스포츠 단체 협회장을 맡거나 프로 스포츠 팀의 구단주가 됐다. 대기업이 없었다면 과연 '한국 스포츠가 발전할 수 있었을까?'라는 생각이 들 정도로 이들의 후원은 한국 스포츠에 절대적이었다.

팀 창단으로 대표되는 대기업의 스포츠 투자를 한국에서 제일 먼저 시도한 기업은 롯데였다. 롯데는 1975년 민간 기업으로는 최초로 야구 팀을 창단했다. 롯데의 야구 팀 창단은 세간의 관심을 집중시켰다. 그 중심에는 '어떤 이유로 롯데가 야구 팀을 창단했을까?'라는 궁금증이 존재했다. 롯데가 한국에 야구 팀을 만들게 된 연원은 일본에서 찾아봐야 한다. 이미 롯데는 일본에서 롯데 오리온즈라는 프로 야구 팀을 운영하고 있었다. 야구에 관심이 없던 재일 교포 사업가 신격호 롯데 회장이 일본 프로 야구 무대에 뛰어든 이유는 확실한 실익이 있었기 때문이었다.

1960년대 말부터 재정난으로 어려움을 겪었던 도쿄 오리온즈의 구단주 나가타 마사이치(永田雅一, 1906~1985)는 신 회장에게 도움을 요청했다. 팀 명칭에 롯데라는 회사명을 사용하는 대신 구단 운영비를 제공해 달라는 게 나가타 구단주의 요청이었다. 한국 프로 야구에서 히어로즈 구단이 키움증권에 구단 명칭을 팔아 '키움 히어로즈'가 된 것과 같은 팀 명칭 판매 방식이었다. 신격호 회장은 나가타의 제안에 시큰둥한 반응을 보였다.

하지만 곧 상황이 바뀌었다. 나가타와 친구 사이였던 전 일본 총리 기시 노부스케(1896~1987)가 이 문제에 개입했다. 아베 신조 전 총리(1954 2022)의 외할아버지고 우리에게 긴 일터저

롯데가 일본 프로 야구에 뛰어들도록 영향력을 행사한 기시 노부스케.
©일본 외무성

있는 기시 전 총리는 신격호 회장이 나가타의 제안을 받아들이도록 영향력을 행사했다. 기시 전 총리는 신격호 회장이 도쿄 오리온즈에 투자하면, 미국 추잉 껌 제조 회사의 일본 진출을 늦춰 주겠다는 말을 넌지시 건넸다. 1960년대 말 롯데의 핵심 사업 분야는 추잉 껌이었다. 당시 일본 내각에서 무역 자유화 정책을 펴면서 미국 추잉 껌 제조 회사의 일본 진출이 가시화됐다. 미국 회사의 일본 진출은 롯데의 매출 감소로 이어질 가능성이 짙었다. 나가타는 일본 진출을 노렸던 추잉 껌 제조사 리글리의 오너도 미국 프로 야구 팀 시카고 컵스를 소유하고 있다는 점을 강조했다. 이런 이유로 신격호 회장은 나가타의 요청을 수락했다. 기시 전 총리는 일본 대장성(현 재무성)을 통해 농림수산성에 압력을 가했고, 리글리의 일본 진출을 2년 뒤로 미뤘다.

롯데 직원들 사이에서는 롯데가 야구 팀에 투자하는 것에 반대하는 목소리도 있었다. 롯데 제품을 좋아하는 어린이들 중에는 일본을 대표하는 구단인 요미우리 팬이 많았기 때문이었다. 요미우리와 롯데가 프로 야구 무대에서 경쟁하면 롯데 제품의 주요 고객인 어린이들에게 악영향을 미칠 수 있다는 의견이었다.[15] 하지만 신격호 회장은 롯데의 야구 팀 투자에 실질적인 혜택이 있었기 때문에 일을 그대로 진행했다. 1969년에는 롯데라는 기업명을 팀 명칭에 넣는 방식의 계약이었지만, 이후 나가타가 운영하는 영화사 다이에이의 경영 상태가 더욱 악화된 1970년 롯데 신격호 회장은 아예 프로 야구 팀의 구단주가 됐다.

롯데 오리온스는 한국계 투수 출신인 가네다 마사이치가 감독을 맡고 있던 1974년에 일본 프로 야구 정상에 올랐고 홍보 효

---

15   中川右介(2021), プロ野球経営全史, 東京. 日本実業出版社, 313-323.

과를 톡톡히 누렸다. 롯데 오리온스는 1975년 재일 교포 선수들을 대거 이끌고 한국에 와 친선 경기도 치렀다. 이 당시 한국에 왔던 재일 교포 선수들 중에는 김일융, 장명부, 김무종, 주동식 등 한국 프로 야구 초기에 큰 활약을 했던 선수들이 다수 포함돼 있었다.

이 시점에 롯데는 한국에서 야구 팀 창단을 선언했다. 롯데가 한국에서 야구 팀을 창단한 이유는 기본적으로 일본 프로 야구 팀을 운영하며 얻은 막대한 광고 효과를 한국에서도 기대했기 때문이었다. 소비재 산업인 제과업은 특히 광고가 중요했다. 한국 광고 시장에서 제과와 식품업계는 가장 '큰손'이었다. 1974년 광고 매출 현황을 보면, 식품과 제과업계가 다른 분야를 압도했다. 이 가운데 1위는 해태였다. 해태는 당시 10억 원의 광고비를 지출한 반면, 롯데는 4억 원가량의 광고비를 썼다.[16]

또 다른 이유도 있었다. 롯데는 1970년대 중반에 한국에서의 사업 다각화 전략을 추진했고, 재일 교포가 경영하는 롯데가 한국인에게 친근한 이미지를 얻으려면 한국에서 인기가 높은 야구가 필요했다. 실제로 롯데는 이때 종합 무역 상사인 롯데상사를 출범시켰으며 일본에서 큰 성공을 거뒀던 아이스크림 사업의 한국 진출도 진행했다.[17]

---

16   매일경제신문, 1974. 12. 3.
17   매일경제신문, 1974. 9. 19; 1975. 2. 18.

한국에서 대기업의 스포츠 투자의 문을 연 신격호 롯데그룹 회장.
ⓒLOTTE

롯데 야구 팀은 실업 야구에 큰 변화를 몰고 왔다. 롯데가 1976년 실업 리그에 참가하면서 평균 관중 1,000명 수준의 실업 야구는 평균 관중이 5,000명으로 수직 상승했다. 2만 명 이상이 몰리는 경기도 생겨났다. 물론 이해에는 실업 야구의 타격전 양상이 눈에 띄었기 때문에 관중 동원에 유리했다. 알루미늄 배트가 도입됐고, 마운드의 높이가 낮아져 투수에게 불리했다.[18] 그럼에도 롯데의 영향력은 분명했다. 1976년 롯데는 하계 리그와 추계 리그에서 모두 우승을 차지했다. '빨간 장갑의 마술사'로 불렸던 개성파 감독 김동엽의 쇼맨십과 여성 치어리더들의 응원은 실업 야구 팬들 사이에서 화제가 됐다.

롯데 선수와 감독이 받는 월급도 국내 최고 수준이었다. 감독의 월급은 40만 원 이상이었고, 선수들도 금융단 팀보다 훨씬 많은 월급을 받았다.[19] 당연히 롯데 야구 팀의 운영 예산은 금융단 팀보다 5~6배 많았다. 심지어 롯데가 연간 합숙비로 쓰는 비용만 잡아도 금융단 한 개 팀 운영비의 2배에 달했다.[20]

한국 성인 야구에서 롯데의 전성기가 계속됐던 1980년 일본 프로 야구 팀 롯데 오리온스는 재일 교포 장훈을 영입했다. 장훈은 이해에 일본 프로 야구 선수로는 최초로 통산 3,000안타를 기록하는 신기원을 이룩했다. 한국 정부는 재일 교포 장훈의 위업을 치하하기 위해 체육훈장 맹호장을 수여했고, 한국에서는 일본인으로 귀화하지 않고 대기록을 세운 장훈 열풍이 거세게 불었다.

장훈이 뛰고 있는 오리온스의 모기업 롯데는 이 분위기를 놓치지 않았다. 롯데는 장훈과 오렌지 주스 광고 모델 계약을

---

18   한국야구사, 820.

19   경향신문, 1978. 4. 22.

20   경향신문, 1978. 4. 20: 조선일보, 1976. 10. 29.

체결했다. 롯데는 장훈에게 당시 국내 광고 모델료 최고액인 2,700만 원을 줬다.[21] 한국의 주스 시장은 음료 소비 패턴의 고급화와 맞물려 가파른 성장세를 보였고, 업체마다 생산 시설을 확대했다. 300억 원 규모의 한국 주스 시장을 놓고 해태와 치열한 판촉 경쟁을 펼쳤던 롯데 입장에서는 장훈을 활용한 광고 마케팅이 필요했다. 롯데에게 야구는 거대한 광고판이었고 소속 선수는 광고 모델이었다. 1982년 창설된 프로 야구 모기업의 접근 방식도 이와 같았다.

---

21   등이밀보, 1980. 8. 16.

PART VI

프로 야구 시대

1

전두환 정권과
야구 민족주의

국내 스포츠로 최고의 인기를 누렸던 야구는 1970년대 한국 스포츠의 주요 키워드인 '국위 선양'과는 동떨어져 있었다. 야구에도 국제 대회는 있었지만 대중들의 큰 관심을 끌지는 못했다. 자연스레 야구 국가 대표팀에 대한 관심도 떨어졌다. 경쟁 종목인 축구와 결정적으로 다른 대목이었다.

축구 국가 대표팀의 위력은 대단했다. 월드컵과 올림픽 예선은 물론이고 박대통령배 축구대회(박스컵)는 전 국민이 꼭 봐야 하는 스포츠 경기였다. 1973년 월드컵 지역 예선 대회가 서울에서 10일간 펼쳐졌을 때 총입장 관중은 20만 명이 넘었으며 입장 수입은 9,000만 원에 육박했다.[1] 그 어떤 국내 야구

---

1   월간야구, 1974년, 3월호, 63.

대회도 이 기록을 넘볼 수 없었다. 야구에는 '민족주의'가 없었다. 한국 야구의 원동력은 어디까지나 고교 야구를 중심으로 생겨난 '지역주의'와 '엘리트주의'였다.

한국 야구는 1970년대 후반부터 '민족주의'와 가까워졌다. 그 시작점은 1977년 슈퍼 월드컵 대회였고, 이후 1982년 서울에서 열린 세계야구선수권대회에서 폭발했다.

한국은 1977년 니카라과에서 열린 슈퍼 월드컵 야구 대회에서 세계를 제패했다. 이 우승으로 국내 스포츠로만 인식됐던 야구가 '국위 선양'에 기여할 수 있는 국제 스포츠로 변모했다. 당시 야구 세계 제패는 수출 100억 달러 달성을 이룬 국력 신장의 바로미터로 평가됐다.[2] 그동안 올림픽이나 아시안 게임 종목이 아니라 대중적 인기에 비해 국가 차원에서 중요도가 낮았던 야구의 변신이었다. 야구 스타도 국민적 영웅 반열에 올랐다. 슈퍼 월드컵 대회에서 최고 스타로 떠오른 김재박은 1977년 어린이들의 우상으로 선정됐으며, 방송사의 송년 특집 프로그램에도 출연하는 등 미디어의 집중적인 조명을 받았다.[3]

니카라과 대회에 대학생 신분으로 참가했던 임호균은 이 대회가 국제 야구계에 한국을 알릴 수 있었던 최초의 계기였다는 점을 강조했다. "니카라과에서 경기를 할 때 태극기도 거

---

2   경향신문, 1977. 12. 22.
3   동아일보, 1977. 12. 29; 조선일보, 1977. 12. 31.

1977년 제4회 슈퍼 월드컵에서 우승을 하고 귀국한 야구 대표팀.
ⓒ국가기록원

구로 게양돼 있었고, 애국가도 준비가 되지 않아 장효조 선배가 직접 애국가를 불렀다. 니카라과에는 원양 어업에 종사하는 소수의 한국인 빼고는 교민도 거의 없었다. 그렇지만 대회에서 우승한 뒤 한국 야구에 대한 관심이 커졌다. 어찌 보면 야구를 계기로 니카라과 국민들이 한국을 알게 된 셈이었다."

1977년 슈퍼 월드컵 우승은 매우 중요한 의미를 가지고 있었다. 한국은 이 우승을 계기로 1982년에 펼쳐진 세계야구선수권대회 개최권을 획득할 수 있었으며, 이후 프로 야구의 성지(聖地)가 되는 잠실야구장도 세계야구선수권대회 개최에 발맞춰 완공됐다. 하지만 잠실야구장 건립 과정은 순탄하지 않았다. 서울시는 1977년에 88 서울 올림픽 유치를 위해 잠실에 남서울 대운동장 건립 계획을 발표했다. 여기에는 야구장 건설도 포함돼 있었다. 하지만 서울시는 야구장 건설에 미온적이었다. 야구는 올림픽 정식 종목이 아니었기 때문이다.

야구장 건설이 우선 순위에서 밀리자 대한야구협회는 1978년 야구장 건립 기금 1억 원을 서울시에 냈고, 이듬해에는 야구장 건립 기금을 추가로 모으기 위해 야구대제전 대회까지 개최했다. 야구대제전은 실업과 대학 야구에서 활약 중인 선수들이 출신 고교별로 팀을 구성해 경쟁하는 대회였다. 이 대회는 3일 동안 관중 3만 6,000명을 모으는 등 흥행 측면에서 성공적이었다.[4] '그

---

4   경향신문, 1979. 10. 23.

라운드의 고교 동창회'로 불렸던 야구대제전은 고교 야구의 인기를 활용한 대회로 1982년 출범한 프로 야구에 큰 영감을 줬다. 프로 야구 구단은 고등학교를 기준으로 선수들의 출신 지역을 구별해 선수 영입을 하면서 고교 야구의 '지역주의'를 그대로 끌어안을 수 있었고 이는 1980년대 프로 야구의 성공 방정식이었다.

대한야구협회의 노력과 1979년 박정희 대통령 서거 이후 정권을 잡게 된 신군부의 적극적인 엘리트 스포츠 진흥 정책에 힘입어 잠실야구장 신축 공사는 1980년 첫 삽을 뜰 수 있었고, 세계야구선수권대회도 무사히 개최할 수 있었다.

하지만 세계야구선수권대회를 앞두고 한국 야구 대표팀에는 악재가 많았다. 우선 대회 이전에 프로 야구가 출범하는 바람에 대표팀 핵심 선수들이 프로 구단에 입단했다. 이들은 아마추어 대회 출전 자격이 없었다. 1980년 세계 대회에서 대활약을 펼쳤던 좌완 투수 이선희를 포함해 투수 4명이 대표팀에서 빠지게 돼 전력은 매우 약화됐다.[5]

국제 대회 경험이 풍부한 베테랑 선수들이 프로에 입단하면서 생긴 공백은 대학 야구 선수들로 메워야 했다. 그래서 1982년 세계 대회 선수단 23명 중에 대학 선수들이 12명이나 포함

---

5   조선일부 1982. 7. 15.

될 수밖에 없었다.[6] 대표팀의 에이스로 평가받았던 최동원도 당시 컨디션이 최악인 상황이라 고전이 예상됐다. 최동원은 비록 결렬되기는 했지만 미국 프로 야구 토론토 블루제이스 입단 교섭과 관련된 논란으로 심리적인 어려움도 겪었다.

문제는 여기에서 그치지 않았다. 프로 야구 진출을 유보하고 대표팀에서 뛰게 된 6명의 선수들은 금전적 보상을 요구했다. 결국 이들에게 보상금을 지급하기로 결정이 내려졌지만, 대표팀에 꼭 필요로 했던 도루왕 김일권은 우여곡절 끝에 프로 야구 팀 해태에 입단했다.

한국 야구 대표팀 이상으로 분위기가 어수선한 팀도 있었다. 쿠바였다. 쿠바는 1981년 캐나다에서 열린 인터내셔널컵 대회에서 냉전 시대 숙적인 미국을 비롯해 도미니카와 캐나다에도 패했다. 아마추어 야구 최강국 쿠바가 카스트로 혁명 이후 겪은 최대 위기였다.[7]

1982년에는 더 심각한 일이 발생했다. 쿠바 정부는 이때 도박과 승부 조작에 가담한 20여 명의 야구 선수를 영구 제명했다. 1970년대 말부터 쿠바 야구를 괴롭혔던 승부 조작 사건 가운데 가장 큰 규모였다. 쿠바 야구 선수들은 1년에 2,000달러

---

6   조선일보, 1982. 7. 21.
7   C. Echevarria (1999). *The Pride of Havana: a History of Cuban Baseball*. Oxford: Oxford University Press, 381.

정도의 연봉을 받았다. 이들은 야구 시즌이 끝나면 생계를 위해 다른 일을 하는 경우가 대부분이었다. 쿠바 야구 선수들은 국민들로부터 전폭적인 사랑을 받았지만, 팀으로부터 받는 연봉에는 불만이 컸다.[8] 이런 구조적 문제가 일탈 행위로 이어진 셈이었다.

쿠바는 결국 서울에서 열리는 세계 대회에 불참했다. 한국에서는 쿠바가 북한과 혈맹 관계라 1982년 대회에 불참하는 것이라는 소문이 무성했다. 하지만 대회 개막 후 서울에 방문한 쿠바의 IOC(올림픽위원회) 위원 마누엘 게라는 "쿠바가 불참한 이유는 정치적 이유가 아니라 쿠바 팀의 전력 약화 때문"이라고 밝혔다.[9] 쿠바의 불참은 한국 대표팀에는 희소식이었다. 한국이 일본과 미국은 물론 쿠바까지 이기는 것은 상당히 어려운 일이었다. 1982년 세계 대회에 참가했던 투수 임호균도 "쿠바가 참가했다면 한국의 우승이 쉽지 않았을 것"이라고 했다.

한국은 1982년 대회에서 야구 팬이라면 잊을 수 없는 김재박의 개구리 번트와 한대화의 역전 3점 홈런으로 일본을 제압하고 우승을 차지했다. 일본과의 경기에 쏠린 국민적 관심은 대단했다. 한국이 8회말 역전극을 펼치자 관중들은 일제히 기립해 애국가를 불렀고 대형 태극기도 등장했다.

---

8   B. Brown. 'Cuban Baseball'. *The Atlantic Monthly*. June 1984, 109-110.
9   조선일보. 1982. 9. 5.

1982년 세계야구선수권대회 한국과 일본의 결승전. 김재박의 개구리 번트로
한국은 동점을 만들었다.
ⓒ한국야구위원회

이 경기에 축구의 한일전 이상의 관심이 쏠린 분명한 이유가 있었다. 1982년에는 한국에서 반일 감정이 분출했던 시기였다. 일본 교과서 왜곡 사건 때문이었다. 일본 정부는 고교 역사 교과서에 '조선 침략'을 '조선 진출'로, '3·1 운동의 저항'을 '폭동'으로 바꿔 기술하겠다는 검정 결과를 발표했다.[10] 이 사실이 알려지자 정부와 각 정당은 일본의 교과서 왜곡에 대한 수정을 요구했다. 정부는 일본의 역사 왜곡에 대응하고 민족의식을 확립하기 위해 독립기념관 건립 계획까지 발표했다. 독립기념관 건립을 위한 모금 운동이 전국적으로 크게 호응을 얻자, "마치 구한말의 국채 보상 운동에서 보여 주었던 전 국민적인 일체감이 부활한 것 같다."라는 평가도 나왔다.[11]

교과서 왜곡 때문에 분출하기 시작한 '민족주의'는 야구 한일전 승리로 폭발했고, 독립기념관 건립 모금 운동은 세대와 지역을 가리지 않는 범국민적 운동으로 발전했다. 서울 소재 한 리틀 야구단 선수는 "우리 선수들이 일본을 이겨 우승했을 때가 가장 신났다."라며, 같은 야구단 소속 어린이 19명과 함께 부모님으로부터 받은 용돈을 독립기념관 건립 성금으로 냈을 정도였다.[12]

---

10   경향신문, 1982. 7. 26.
11   경향신문, 1982. 8. 31.
12   동아일보, 1982. 10. 2.

야구 한일전 승리로 한국 사회에서 생겨난 야구 민족주의와
는 별개로 이 당시 전두환 정권은 일본으로부터 경제 원조를 받
기 위한 협상을 벌이고 있었다. 쿠데타로 정권을 잡아 정통성이
없었던 전두환 정권은 이미지 쇄신을 위해 경제 개발이 필요했
고, 일본에 도움을 요청했다. 결국 전두환 정권은 한일 경제 협
력 차관이라는 명목으로 40억 달러의 자금 공여를 약속받았고,
1983년 일본 나카소네 야스히로 총리(中曾根 康弘, 1918-2019)와
역사적인 첫 한일 정상 회담을 가졌다.[13] 하지만 일본에 차관을
요청한 전두환에 대해 한국인들은 자존심에 상처를 받았다. 전
두환 정권의 처사를 비굴하게 생각한 사람이 적지 않았다. "전,
두환입니다. 나, 카소네요."라는 농담이 돌았다.

1982년 세계야구선수권대회의 한일전 승리는 1963년 아시
아야구선수권대회의 한일전 승리와 역사적 측면에서 묘하게
닮아 있었다. 1963년과 1982년에 박정희와 전두환 정권이 바
랐던 것은 일본으로부터의 경제적 지원이었다. 정부는 이때
'한국이 경제적 이유 때문에 일본과 굴욕적인 외교를 하고 있
다'는 대중들의 원성을 두려워했다. 공교롭게도 그때마다 통
쾌한 승리로 한국인의 자존심을 세워 준 것은 야구였다. 야구
는 그런 면에서 1965년 한일 국교 정상화와 1983년 한일 정상

---

13   손기섭(2021), 일본 나카소네 정권의 한일 경협외교: '데즈쿠리 외교'의 정치리더
      십, 정치정보연구, 24(1), 221-244.

1983년 역사상 처음으로 한일 정상 회담을 가진 전두환과 나카소네 야스히로.
전두환이 '굴욕 외교'를 하는 과정에서
한국인의 자존심을 세워 준 것은 야구였다. ⓒ국가기록원

회담으로 가는 과정에 중요한 역할을 한 셈이었다.

야구 측면에서 한국의 세계야구선수권대회 우승은 이제 막 활주로에서 떠올라 비행을 하려고 했던 한국 프로 야구 흥행에 기폭제가 됐다. 대표팀에서 맹활약한 스타 선수들은 지역별로 나뉘어 프로 야구 팀에 속속 입단했다. 우승을 이룬 선수들에게는 병역 특례 혜택도 주어졌다. 당초 병역 특례 조건은 향후 5년간 이들이 아마추어 야구 팀에서 근무해야 하는 것이었다. 하지만 프로 야구 발전을 위해 체육부는 이들이 프로 팀에 입단해도 병역 특혜를 적용한다는 쪽으로 규정을 변경했다. 이는 프로 야구가 5공화국이 만든 최고의 스포츠 히트 상품이 되는 촉매제였다.

2

프로 야구 출범에 영향을 준
청와대 수석들

왜 프로 야구는 최초의 한국 프로 스포츠 리그가 될 수 있었을까? 오랫동안 가지고 있었던 궁금증이다. 1970년대 폭발했던 고교 야구에 대한 전 국민적인 인기 때문일 수도 있다. 프로 스포츠로 발전하기에 야구가 가장 유망한 종목이었다는 점에서 그렇다. 5공화국의 수뇌부들이 프로 스포츠 출범을 기획하고 있을 때에도 야구는 유리한 고지를 점령하고 있었다. 적어도 축구보다 야구는 한 발 빠르게 움직일 수 있었다. 이미 1970년대 후반 재미 교포 홍윤희가 만든 프로 야구 창립 계획안이 있었기 때문이다. 이는 야구계 인사들이 축구에 비해 더 빨리 청와대에 프로 야구 창립 계획을 제출할 수 있었던 배경이었다.

프로 야구가 프로 축구에 비해 먼저 생겼던 이유는 여기에 그치지 않는다. 프로 야구 LG 트윈스의 마케팅 팀장을 거쳐 현재 한국프로축구연맹(K리그)의 실무를 총괄하고 있는 조연상 사무총장은 내게 이런 얘기를 들려 준 적이 있다. "청와대에서 프로 스포츠 출범 계획을 준비했던 고위 인사들은 야구에 친숙한 사람들이 많았다. 이를 고려하면 한국에서 야구가 먼저 프로화된 것은 어쩌면 당연한 수순이었다."

그의 말대로다. 명문고 출신의 청와대 고위 인사들은 야구에 관심이 컸다. 설령 야구에 관심이 별로 없었더라도 같이 학교를 다녔던 야구 선수들과 끈끈하게 연결돼 있었다. 일제 강점기부터 명문교의 스포츠로 자리를 굳혔던 야구의 특장점이었다.

물론 5공화국 통치자였던 전두환은 육사 시절 축구 골키퍼로 활약해 축구에 관심이 더 많았다. 그의 모교인 대구공고도 전두환이 공식적으로 대통령에 취임한 1981년에 축구부를 창단했고, 한 달 만에 동문들이 축구 진흥 기금 1억 원을 모아 뉴스의 초점이 됐다.[14] 이렇게 보면 전두환은 프로 야구보다는 프로 축구 창설을 더 원했을 것 같다. 하지만 축구는 엘리트 명문교의 스포츠가 아니었다. 청와대 고위 인사들이 프로 스포츠를 출범시키려고 할 때 야구계 인사들과는 긴밀하게 접촉

---

14   경향신문, 1981. 6. 29.

했지만 축구계 인사들과는 그렇지 않았던 이유였다. 당시 대한축구협회장이었던 최순영 회장을 제외하면 청와대 고위인사들과 접촉한 축구계 인사는 전무했다.

야구는 달랐다. 야구는 학연을 통한 고위층과의 커넥션이 강했다. 프로 야구 출범에 불을 지핀 이는 청와대 민정수석비서관 이학봉이었다. 이학봉 수석은 당시 청와대 수석비서관 가운데에서도 추진력이 제일 강한 인물로 전두환의 신임을 한 몸에 받았다. 이 수석은 1981년 5월 수석비서관들이 모인 자

프로 야구 출범에 불을 지핀 청와대 민정수석비서관 이학봉.
경남고 출신이다. ⓒ연합뉴스

리에서 야구의 프로화가 필요하다는 점을 역설했다. 그는 야구 명문 경남고 출신이었고, 동문 야구인이었던 박종환과 친분이 두터웠다. 고등학교를 졸업한 선수들이 출신 고교별로 팀을 이뤄 경기를 치렀던 야구대제전 대회가 펼쳐질 때면 모교 팀 후원자 자격으로 이학봉 수석과 박종환은 함께 자리했다. 이미 이 자리에서 야구 프로화에 대한 얘기가 오갔다. 〈주간야구〉의 편집장이자, 1991년 프로 야구 출범 비화에 대해 〈문화일보〉에 글을 연재했던 홍순일 기자는 이처럼 프로 야구 출범의 시작점은 경남고 동문 이학봉 수석과 박종환이었다고 말해 줬다.

야구 명문교 출신 인사들의 학연은 이뿐만이 아니었다. 프로 스포츠 출범의 컨트롤 타워 역할을 했던 청와대 교육문화 수석 이상주에게 프로 야구 창설의 주역이 되는 이호헌을 소개해 준 사람은 우병규 정무 제1수석이었다. 우병규 수석이 이호헌과 마산상고 동문으로 막역한 사이였기 때문에 가능한 일이었다. 흥미롭게도 우 수석의 천거로 이상주 수석과 만나게 된 이호헌은 그의 서울대 상대 시절 동창생이자 군산상고 신화를 만들었던 이용일과 함께 프로 야구 창설 계획안을 작성하게 됐다. 프로 야구가 탄생하는 과정에서 학연의 힘은 이처럼 중요한 요소였다.

학연과 함께 한국 프로 야구의 출범에는 또 다른 요인도 작용했다. 프로 스포츠 출범의 미스디기를 쥐고 있던 이상주 수

프로 스포츠 출범의 컨트롤 타워였던 이상주 교육문화수석(오른쪽). ⓒe역
사역사관

석은 미국 피츠버그대학교 유학 시절에 야구에 관심을 갖게
된 인물이었다. 그는 미국 유학 시절 야구에 관심을 갖게 된
계기를 이렇게 증언했다. "미국 유학 시절에는 거의 주말마다
외국인방문자위원회가 무료로 나누어 주는 '공짜표'를 얻어
메이저 리그 경기를 관람하곤 했다. 미국의 젊은이들은 이런
경기들을 화젯거리로 삼아 자기가 응원하는 팀의 성적, 특정
선수의 기록, 상대 팀의 전략 분석 등등이 관심 대상이었다."[15]

---

15   울산제일일보, 2011. 4. 7.

프로 야구 출범 쪽에 이상주 수석이 후한 점수를 줄 수밖에 없었던 배경이었다.

이처럼 야구는 한국의 엘리트가 미국 유학을 통해 접한 하나의 문화였다. KBO 총재를 역임했던 정운찬 전 서울대학교 총장도 프린스턴대학교 유학 시절에 야구를 보느라 박사 학위 논문이 1년 늦어졌다는 농담 섞인 얘기를 할 정도였다.

2022년 한덕수 총리가 이태원 참사와 관련해 외신 기자 간담회에서 언급해 논란이 됐던 말도 비슷한 맥락에서 볼 수 있다. 한 총리는 "주최자가 있는 10만 명 정도 모이는 행사였다면 경찰을 얼마나 투입했을 건가?"라는 한 기자의 질문에 "뉴욕 양키스와 보스턴 레드삭스의 월드 시리즈가 있었다면 굉장히 많은 경찰 인력을 투입해야겠죠."라고 말했다.[16] 1980년대 초반 하버드대학교에서 경제학 석사와 박사 학위를 받은 한 총리 입장에서는 외신 기자에게 적절한 예를 들기 위해 지역 명문 야구단 보스턴 레드삭스와 라이벌 팀 뉴욕 양키스를 거론한 것은 매우 당연했다.

한 총리가 이상주 수석처럼 유학 시절에 야구장에 얼마나 자주 갔었는지는 모른다. 하지만 야구 열기가 높은 보스턴에 위치하고 있는 대학교에서 공부했던 그의 유학 경험은 이태원 참사

---

16   미디어오늘, 2022. 11. 4.

에 경찰 인력 투입 문제를 두고 야구 경기를 예시로 드는 데 충분조건이 아니었을까 싶다.

정부 고위 관리들의 미국 유학 경험은 야구가 한국 사회에서 황금 인맥을 보유하게 된 또 다른 힘이었다. 다른 스포츠 종목에서 찾아볼 수 없는 야구만의 강점은 제5공화국이 정치적인 목적으로 프로 스포츠 시대를 열려고 할 때에 한국 최초의 프로 스포츠로 야구가 낙점받을 수 있었던 하나의 이유였다.

3

재벌이 프로 야구에
뛰어든 사연

오늘날 한국 프로 야구가 발전하기까지 최대 후원자는 야구를 사랑하는 국민이었다. 프로 야구 인기에 부침은 있었지만 프로 야구가 국내 최고의 인기 프로 스포츠가 된 것은 팬들의 관심과 사랑 덕분이었다. 이처럼 야구 팬들이 프로 야구를 마음껏 즐길 수 있도록 프로 야구 팀을 후원한 주체는 대기업이었다. 그렇다면 한국의 경제를 좌지우지하는 대기업들은 1982년 프로 야구 창설 때부터 왜 야구 팀을 후원했던 걸까?

물론 초기에는 정치적 이유가 컸다. 제5공화국에서 추진하는 스포츠 정책에 기업으로서 기여하는 게 기업의 발전에 절대적으로 도움이 된다고 봤기 때문이다. 1980년대는 정권에서 윽박지르면 기업은 죽는 시늉이라도 해야 했던 시대였다. 정권을 향한 '충성 경쟁'은 기업이 프로 야구 팀을 만들어야 하는 이유였다.

방송사 〈MBC〉도 마찬가지였다. 〈KBS〉와 치열한 '충성 경쟁'을 하고 있던 〈MBC〉는 프로 야구 팀을 창단했다. 방송사는 야구 중계만 하면 됐지만, 당시 〈MBC〉 이진희 사장의 생각은 달랐다. 이진희 사장은 〈KBS〉와의 시청률 경쟁에서 우위에 설 수 있는 신선한 프로그램을 필요로 했고, 야구의 인기가 높다는 점을 활용하기 위해 아예 프로 야구 팀을 만들게 됐다.[17] 프로 야구 초창기 〈MBC〉만 켜면 프로 야구 중계가 자주 방영된 것은 이런 이유였다. 물론 〈KBS〉에서도 프로 야구 중계를 하기는 했지만, 프로 야구 팀을 보유하고 있는 〈MBC〉만큼 효과를 내지는 못했다. 그래서 〈KBS〉는 프로 야구보다 1년 뒤에 생긴 프로 축구 전 경기를 중계하며 스포츠 중계 경쟁에 불을 붙였다.

소위 정권에 대한 '충성 경쟁'만으로 이 시기 기업의 프로 야구 후원을 다 설명할 수는 없다. 기업이 프로 야구 팀을 만든 건 이익이 됐기 때문이다. 이익은 주로 기업과 제품 홍보를 통해 발현됐다. 1982년 프로 야구에 뛰어든 삼미와 두산이 프로 야구 팀을 창단한 이유도 기업 홍보 효과였다.

야구를 좋아하는 이 두 기업의 총수 개인에게는 프로 야구 구단주가 사회적으로 존경받을 수 있는 자리라는 점도 중요했

---

17   일요신문, 2011. 4. 4.

1982년 2월 5일 삼미 슈퍼스타즈 창단식. ⓒ연합뉴스

다. 30세 때 특수강 생산과 해운업으로 잘나가던 삼미의 회장이 된 김현철은 후원자가 나타나지 않았던 인천 지역 프로 야구 팀인 삼미 슈퍼스타즈를 창단했다. 경기중학교를 다녔던 김현철은 경기고등학교 입학 시험에 낙방한 뒤 미국으로 건너가 워싱턴대학교에서 수학했다. 그는 이곳에서 미국 프로 야구에 빠져들었다. 이 와중에 그는 메이저리그 구단주들이 시

역 유지로 많은 사회적 관심을 받는다는 사실을 알게 됐고 이 경험이 삼미 슈퍼스타즈 창단에 영향을 미쳤다.[18]

결과적으로 야구 팀 창단으로 삼미는 기업 홍보 효과를 누렸다. 프로 야구를 계기로 삼미라는 기업에 대해 알게 됐다는 사람들이 대다수였다. 삼미는 당시 서울에서 가장 높은 빌딩인 삼일빌딩의 소유 업체였지만 대중적으로는 잘 알려지지 않았었다. 덕분에 사채 시장에서 삼미의 어음 할인율까지 낮아졌다. 프로 야구로 기업의 지명도가 올라간 탓에 삼미의 신용도가 높아졌기 때문이었다.[19]

하지만 삼미의 프로 야구 효과는 오래가지 못했다. 치밀한 준비 없이 프로 야구 무대에 뛰어든 삼미는 전력이 약해 만년 꼴찌 팀으로 전락했다. 선수 부족으로 어려움을 겪던 삼미는 김현철 회장이 직접 재계 선배인 삼성 라이온즈의 구단주 이건희 회장에게 선수를 달라고 부탁했을 정도였다. 삼미는 재일 교포 투수 장명부 덕택에 리그 우승을 노려볼 만한 팀으로 성장했지만 돌풍으로 그쳤다. 여기에다 삼미는 1980년대 초 오일 쇼크로 인한 경영 악화로 주력 계열사를 다 매각해야 했다. 이 와중에 삼일빌딩은 산업은행에 매각됐고 야구단은 청보식품에 팔렸다.[20]

---

18   종횡무진 인천야구, 98.
19   앞의 책, 99.
20   중앙일보, 2010. 1. 23.

1985년 역사 속으로 사라졌던 삼미와는 달리 두산은 프로 야구 원년부터 지금까지 존재하는 구단이다. 두산은 그룹 내 대표적인 소비재 상품이자 맥주 브랜드인 OB를 프로 야구 창단 시기에 구단명으로 삼았다. OB의 초대 구단주 박용곤 회장은 삼미 김현철 회장의 워싱턴대학교 선배로 야구 애호가로 알려져 있다. 그 역시 메이저 리그 구단주가 얼마나 사회적으로 존경받

1982년 4월 15일 삼미 슈퍼스타즈와 OB 베어스의 경기. ⓒ연합뉴스

는지 유학 시절부터 잘 알고 있던 인물로 경기장을 가장 자주 찾았던 대표적인 구단주였다. OB는 1982년 야구 전문가들의 예상을 뒤엎고 프로 야구 정상에 올랐고 어린이와 젊은층을 중심으로 큰 인기를 모은 구단으로 자리매김했다. 1970년대부터 국내 맥주 시장 점유율에서 선두에 있었던 OB 맥주는 프로 야구 효과라는 날개를 달았다. 1980년대에는 OB 베어스 로고가 새겨진 호프집이 생겨났으며, 1990년대 초만까지 OB 맥주는 시장 점유율 70퍼센트를 기록할 정도로 호황을 누렸다.[21]

1982년 프로 야구 팀을 창단한 기업들은 선수 스카우트와 팀 운영 비용으로 상당한 돈을 썼다. 삼성 라이온즈의 1983년 예산은 24억 원이었고, 1984년 예산은 이보다 2억 원이 오른 26억 원으로 재벌 그룹이 운영하는 스포츠 팀 1년 예산으로는 국내에서 제일 많았다. 해태 타이거즈와 롯데 자이언츠의 1984년 예산도 각각 25억 원과 10억 원이었다. 누가 봐도 이는 재벌 기업의 프로 야구 팀에 대한 과잉 투자였다.

프로 야구 팀은 예나 지금이나 수익 확보가 힘들다. 이 때문에 적자 운영을 감수하면서도 재벌들이 프로 야구 팀에 돈을 쏟는 이유에 대해 여러 가지 추측이 난무했다. 이중에서 가장 그럴듯한 추측은 재벌이 야구 팀 운영을 통해 얻는 홍보 효

과의 가성비가 일반 광고보다 좋았다는 분석이다. 1984년 TV 광고 가격이 가장 비싼 시간대는 저녁 8시 20분부터 밤 10시 사이였다. 이 시간대에 30초짜리 광고 1회 비용은 380만 원이었다. 이 광고를 100번 하게 되면 광고 비용은 3억 8,000만 원이고 총방영 시간은 50분이었다. 2시간 30분가량 소요되는 프로 야구 야간 경기가 이 시간대에 방송된다고 가정하면, 광고비가 11억 4,000만 원이었다. 이를 통해 보면 프로 야구 팀을 통한 재벌 기업의 광고는 TV 광고보다 가성비가 좋았다.[22]

여기에다 프로 야구 팀을 운영하는 기업들은 정권의 특명에 따라 세제 혜택을 누렸다. 모기업이 프로 야구 팀에 지출한 비용 중 광고선전비로 인정되는 것은 손금(損金) 산입이 가능했고, 심지어 팀의 결손금을 보전하기 위해 모기업이 지출한 금액도 광고선전비로 인정받을 수 있었다. 이렇게 손금 처리가 된 액수는 모기업의 순자산이 감소된 부분이기 때문에 여기에 해당하는 법인세를 낼 필요가 없었다. 이미 1954년 일본 프로 야구 팀의 모기업에 적용됐던 이 제도는 극단적으로 말하면 팀의 적자가 커질수록 모기업이 법인세를 아낄 수 있는 것이었다.[23] 이를 통해 보면 모기업은 프로 야구 팀 운영을 통해 이익을 본 셈이었다.

---

22 주간조선, 1984. 7. 29, 37-38.
23 Takeo Kikkawa(2010). *The Evolution of Business Models in Japanese Professional Baseball. Japanese Research in Business History* 27, 1/-18.

이와 같은 모기업 홍보 효과에 의존해 발전해 온 한국 프로 야구는 1990년대 모기업의 경영 상황이 바뀌면서 위축됐다. 모기업 제품의 광고 효과는 주로 롯데와 해태와 같이 소비재를 다루는 기업에서 중요한 부분이었다. 이는 OB 맥주를 전면에 내세운 두산과 빙과류 제조업체인 빙그레를 팀명으로 사용했던 한화도 마찬가지였다. 하지만 OB 베어스와 빙그레 이글스는 1990년대에 팀 이름을 두산 베어스와 한화 이글스로 바꿨다. 두산은 1997년 외환 위기 이후 OB 맥주와 코카 콜라 등소비재 사업에서 철수해 중공업 중심의 사업 구조로 전환했다. 한화는 1992년 형제들의 경영 분쟁으로 인해 구단 명칭을 빙그레에서 한화로 교체했다. 소비재 산업과 멀어진 두산과 한화는 과거처럼 프로 야구 팀을 더 이상 유용한 광고판으로 생각할 필요가 없었다.

이보다 더 큰 문제는 프로 야구 팀을 운영하는 재벌들이 글로벌 기업이 됐다는 부분이었다. 2000년대 들어 삼성과 LG 같은 대기업들은 내수 시장에 연연할 당위성이 약해졌고, 자연스레 프로 야구 팀의 홍보 효과에 큰 관심을 기울이지 않았다. 이들에게는 해외 시장이 훨씬 더 중요했다. 이런 측면에서 2005년 시작됐던 삼성전자의 잉글랜드 프리미어 리그 축구 팀 첼시의 유니폼 광고는 의미가 깊었다. 삼성과 같은 글로벌 기업에 한국 프로 야구 팀의 광고판으로서의 기능은 이제 그 효력을 다했다는 명확한 신호였다. 삼성 라이온즈는 2014년

2005년 4월 25일 첼시의 공식 스폰서가 된 삼성전자. 이 사진은
한국 프로 야구 팀의 홍보 효과가 끝났다는 것을 보여 준다.
ⓒGettyimages

삼성 그룹 계열사인 제일기획으로 이관됐고, 이후 야구 팀에
대한 모기업의 투자는 현저하게 줄어들었다.

　프로 야구 팀은 대기업 광고판으로서의 효용성을 상실했다.
하지만 최근까지도 프로 야구에 매력에 느끼고 이 시장에 뛰
어드는 기업은 존재했다. 게임업체인 NC 소프트와 소비재 유
통업체인 SSG는 프로 야구 팀의 모기업이 됐다. 여기에 모기
업 없이 팀 명칭을 팔아 비즈니스를 하는 히어로스와 같은 팀
도 생겨났다. 하지만 이들은 프로 야구 팀이 나아가야 할 미래
를 아직 뚜렷하게 제시하지 못하고 있다. 여전히 한국 프로 야
구는 기업 광고판 여한에 머물리 있다.

4

절정에 오른 야구 지역주의
(feat. 김대중·김영삼·김종필·노태우)

한국의 정치 엘리트들이 야구에 관심을 갖게 된 건 단순히 그들의 모교가 야구로 유명했기 때문만은 아니었다. 야구는 지역을 상징하는 스포츠였다. 1970년대 영호남 갈등이 커다란 사회 문제가 됐을 때 영호남 친선 야구 대회를 개최했던 이유도 여기에 있었다. 1982년 프로 야구가 출범한 뒤에는 야구 팀이 도시와 지역의 정체성을 대변했다. 마치 우리가 국제 대회에 참가한 한국 대표팀을 응원하는 것과 같이 내 고향 야구 팀을 응원하는 문화가 정착됐다. 프로 축구, 프로 농구에서 찾아보기 힘든 이 현상은 프로 야구를 지탱하는 핵심적인 버팀목이었다. 묘하게도 1980년대 프로 야구의 최대 라이벌은 TK(대구·경북)의 삼성과 호남의 해태였다. 1970년대 중반 경북고와 광주일고로 대표되는 고교 야구 판도는 계속 이어졌다.

야구를 통한 영남과 호남의 자존심 대결과 지역 팬들의 열광적인 분위기 때문에 정치인들은 프로 야구 팬의 목소리에 귀를 기울여야 했다. 지역 야구 팀 팬의 정서가 결국 지역의 민심이었기 때문이다. 마치 과거 수많은 노동자 계층 팬들이 즐겨 찾던 잉글랜드 프로 축구 경기장이 영국 노동당원들의 집회로 받아들여졌던 것처럼 한국 프로 야구 경기장은 지역을 대표하는 특정 정치인들을 지지하는 사람들의 모임이나 다름 없었다.

1980년대 정치인들은 프로 야구처럼 철저하게 지역에 의존해야 했다. PK(부산·경남)의 김영삼, TK의 노태우, 호남의 김대중, 충청도의 김종필이 자웅을 겨뤘던 한국 정치는 롯데, 삼성, 해태와 OB(빙그레, 1986년부터 대전 연고 팀)가 이끌고 있는 프로 야구의 판박이였다. 부산의 롯데 팬들은 김영삼 지지자가 많았고 광주의 해태 팬들은 경기장에서 김대중을 연호할 정도로 그에 대한 지지가 절대적이었다. 이 4명의 정치인이 출마한 1987년 대통령 선거는 이들의 정치적 기반인 지역에서 표를 몰아줬던 역대급의 선거였다. 충남에서는 김종필, 호남 지역에서는 김대중, TK에서는 노태우, PK에서는 김영삼 후보가 각각 득표수 1위를 차지했다. 공교롭게도 1980년대 프로 야구 패권을 차지했던 팀은 이들의 지역 기반에 연고지를 두고 있던 해태, 삼성, 롯데와 1985년까지 대전이 연고지였던 OB였다.

대통령 직선제를 받아들인 노태우 민정당 대표의 6·29 선언

1987년 대통령 선거에서 야구의 지역주의와 정치는 공명하고 있었다.
(왼쪽 위부터 시계 방향으로) 1987년 12월 13일 서울 대방동 보라매 공원에서
유세를 펼친 김대중 평화민주당 후보, 1987년 12월 5일 여의도광장에서
대통령 선거 유세를 펼친 김영삼 통일민주당 후보, 1987년 11월 6일
대통령 선거 운동 중인 노태우 민주정의당 후보, 1987년 11월 7일 김종필
신민주공화당 대통령 후보의 유세를 듣기 위해 모인 충남 금산 지지자들.
ⓒ 연세대 김대중도서관, 민주화운동기념사업회

이후 지역주의 정치가 본격화 됐던 건 1987년이지만, 이미 프로 야구에서는 1986년부터 지역감정이 노골적으로 표출됐다.

1986년 프로 야구 우승 후보 1순위는 삼성이었다. 1985년부터 삼성은 차원이 다른 팀이었다. 1985년 시즌을 앞두고 삼성은 한국 프로 야구 팀으로는 최초로 미국 전지훈련을 했다. 구단의 지원에 화답이라도 하듯 삼성은 전후기 리그 통합 우승을 차지했다. 주요한 개인상도 모두 삼성 선수들의 독차지였다. 수위 타자 장효조, 홈런왕 이만수, 공동 최다승 투수 김시진과 김일융, 구원왕 권영호가 삼성의 우승을 이끌었다. 1986년 전기 리그에서 삼성은 16연승이라는 대기록을 수립해 우승을 차지했다.

삼성은 플레이오프에서 OB를 제압하고 한국 시리즈에서 해태와 격돌했다. 하지만 예상과 달리 해태가 한국 시리즈 전적 4승 1패로 우승을 차지했다. 결과만 놓고 보면 해태의 압승이었다.

이 한국시리즈는 3차전까지 치열하게 전개됐다. 광주에서 펼쳐진 1차전에서 삼성은 8회초까지 선발 투수 진동한의 호투에 힘입어 2-0으로 앞서 나갔다. 그렇지만 진동한은 8회말에 마운드에 설 수 없었다. 진동한 투수가 해태 팬이 던진 소주병에 머리를 맞았기 때문이었다. 그는 붕대를 감고 잠시 덕아웃에서 누워 있어야 했다. 결국 삼성 벤치는 진동한 대신 김시진을 마운드에 올렸다. 진동한이 다시 투구를 할 수 있는 상황이기는 했지만 무리할 필요가 없다고 봤다. 컨디션이 좋지 않았던 김시진은 패전 투수의 멍에를 썼다. 삼성은 2차전에서 승리했다. 3차전은 삼성의 홈인 대구에서 시리즈가 이어졌다. 삼성이 한국 시리즈의 분위기를 바꿀 수 있는 상황이었다. 하지만 삼성은 이 경기에서 5-6으로 역전패했다.

대구의 삼성 팬들은 분노했다. 비록 1985년에 통합 우승을 차지했지만 진정한 한국 프로 야구 챔피언을 가리는 한국 시리즈에서는 이미 두 차례나 고배를 마셨던 쓰라린 기억 때문이었다. 이 순간 삼성 팬들은 모두 1차전을 떠올렸을 것이다.

나도 '진동한 투수가 해태 관중이 던진 소주병을 맞지 않았더라면' 하는 생각이 들었다. 고백하자면 나는 당시 TV로 이 경기를 지켜보고 있던 삼성 팬이었다. 아버지께서는 호남 출신이셨지만, 나는 고교 야구를 볼 때부터 경북고를 좋아했기 때문에 삼성 팬이 됐다. 특별한 이유는 없었다. 그저 하얀색 상의에 한자로 새겨진 경북고 유니폼과 학교 로고가 뭔가 멋있어 보여서였다. 딱히 야구를 좋아하지 않으셨던 아버지께서는 TV로 이 경기를 보던 나에게 "해태가 이기지 않겠어?"라고 한마디하셨던 기억이 지금도 생생하다. 하지만 그때까지는 삼성이 이기고 있던 상황이라 난 삼성의 3차전 승리를 굳게 믿고 있었다. 결국 역전패하는 장면을 보고 난 TV를 껐다. 고개 숙인 삼성 선수들의 모습을 보면서 나도 패배의 상실감을 느꼈고 화도 많이 났다. 난 방으로 돌아와 음악을 들으며 분을 삭였다.

불타는 버스 22일밤 大邱시민운동장에서 흥분한 일부관중들이 해태타이거 즈선수단 전용버스에 불을 질러 차체가 전소됐다.
【大邱＝朴시전 룡錄】

1986년 10월 22일 성난 대구 관중이 불을 질러 화염에 휩싸인
해태 구단 버스. ⓒ경향신문

경기장에 있던 대구 관중들의 분노는 서울에서 TV를 보며
삼성을 응원했던 중학생과 같지 않았다. 2,000명가량 되는 대
구 관중들은 분을 참지 못했다. 이들은 "진동한 선수 사고에
대해 사과하라, 타도 해태!"를 외치며 해태 구단 버스에 불을
질렀다.[24] 해태 구단 버스는 불길에 휩싸여 전소됐다. 나중에

---

24   송윤표(2015), 한국 프로야구 난투사, 서울: 일리, 97-98.

뉴스를 통해 본 전소된 버스의 모습은 충격적이었다. 사실 이 3차전으로 1986년 한국 시리즈는 끝났다. 해태는 4, 5차전에서 모두 승리해 한국 시리즈 패권을 잡았고, 삼성은 한국 시리즈 징크스에서 헤어나지 못했다.

지금 와서 생각해 보면 해태 구단 버스 방화 사건은 프로 야구가 얼마나 한국의 지역성과 밀착돼 있었는지 보여 주는 중요한 사례였다. 이처럼 프로 야구 팀은 지역의 상징이었고, 팀의 승리와 패배는 지역민들의 기쁨과 슬픔으로 연결되고 있었다.

민주화 열기와 함께 정치적으로 지역감정이 가장 강했던 1987년의 프로 야구 경기장과 그 주변은 정치의 현장이었다. 대선 유세가 절정에 달했던 12월 김영삼 후보가 정치적 고향인 부산에서 유세를 시작한 곳은 사직구장 공터였다. 광주 무등경기장에서는 이해에 자주 '김대중'을 연호하는 팬들의 목소리가 들렸다. 김대중 후보와 정치적 운명을 함께했던 민주당 동교동계 의원들은 1987년 10월 8일 해태와 OB의 프로 야구 플레이오프 경기가 펼쳐졌던 잠실야구장에서 김대중 후보와 관련된 전단지를 뿌렸다.[25]

이뿐만이 아니었다. 김종필 후보는 12월 12일 서울 장충동 유세에서 연단에 3미터짜리 야구 선수 그림을 세워 놓고 연설

---

25   동아일보, 1987. 10. 9.

을 했다. 이 대형 그림은 김종필 후보가 '4천만의 4번 타자'라는 점을 각인시키기 위한 무대 장치였다.[26] 노태우 후보를 주인공으로 다룬 시사만화도 야구를 소재로 삼았다. '6·29 선언과 노태우 미스터리'라는 제목으로 발표된 이 시사만화 내용은 대략 이렇다. "6·29 홈런 소식의 제1보가 방송을 통해 전해진 1987년 6월 29일 오전 9시경 노 선수 팀 민정 스타스의 핵심 선수들도 모두들 어리둥절한 모습이었다고 전해진다. 타자가 과연 감독의 사인대로 배트를 휘둘렀는가는 아직도 확실치 않다. 아직 야권의 9회말 공격이 남아 있어서 단언할 수 없지만 잘하면 노 선수의 한 방으로 뽑은 점수가 승리 타점으로……."[27]

1987년 야구는 정치 그 자체였다. 대선 때문에 지역감정이 더욱 악화됐을 때 부산의 한 작가는 이런 말을 했다. "부산 경기 때는 양쪽 스탠드에서 서로 응원을 하는데, 광주에서는 일방적인 응원밖에 볼 수 없는 호남 쪽의 지역감정이 더 심하다. 노태우와 김대중의 대결이 될 경우 영호남 대립은 노골적인 것이 될 것이다."[28] 대선에서는 김대중과 김영삼 후보 간의 단일화 논의가 결렬돼 노태우와 김대중의 대선 맞대결이 이뤄지

---

26   동아일보, 1987. 12. 14.
27   경향신문, 1987. 9. 10.
28   동아일보, 1987. 10. 16.

지 않았다. 하지만 프로 야구에서는 해태와 삼성이 2년 연속으로 한국시리즈에서 맞붙었다. 해태는 정규 시즌에 팀 타율 3할을 기록했던 삼성을 4승 무패로 제압해 프로 야구 2연패를 달성했다. 물론 해태의 승리가 김대중 후보의 당선으로 이어지지는 않았다. 승자는 야구 시사만화가 예측한 대로 노태우 후보였다. 지역감정이라는 바다에서 끊임없이 노를 저어야 했던 1980년대 프로 야구와 정치의 희비 쌍곡선이었다.

5

해태 타이거즈의 전국 팬덤과
'전라도 엑소더스'

프로 야구 원년에 야구단을 운영하게 된 기업 가운데 프로 야구 효과를 가장 크게 본 기업은 단연 해태다. 1983년 한국 시리즈 우승을 시작으로 1997년까지 무려 9회 우승을 차지한 해태 타이거즈 덕분에 해태는 호남 기업이 아닌 전국구 기업으로 발돋움할 수 있었다. 과자 이름 때문에 야구를 사랑하는 대중들이 특히 즐겨 찾던 해태 제과의 '홈런볼'도 덩달아 히트 상품이 됐다.

프로 야구 최초의 왕조를 형성했던 해태 타이거즈는 경복고 동문들이 만들었다. 광주를 중심으로 전남과 전북을 연고로 하는 야구 팀을 창단할 만한 기업이 나타나지 않았을 때, 야구 팀 창단 의사를 내비쳤던 박건배 해태 회장은 그의 경복고 선배이자 야구 중계로 명성이 높았던 박종세 (KBS) 아나운서를

야구 팀 단장으로 임명했다. 박 회장은 해태의 초대 감독 자리
에도 경복고 출신의 명감독 김동엽을 앉혔다. 한국의 3대 명문
공립고 중 하나였던 경복고는 워낙 야구부를 운영한 기간이
짧아 야구 명문고가 될 기회는 없었지만, 1957년 부산에서 펼
쳐진 화랑대기 대회에서 김동엽의 대활약에 힘입어 우승을 차
지했었다. 하지만 3명의 고교 동문은 해태 타이거즈의 첫 우승
을 함께하지 못했다. 김동엽 감독이 1982년 코치들과의 불화
로 사퇴했기 때문이었다.

선수 14명으로 출발한 해태 타이거즈는 어려움이 많았다.
선수층도 얇았지만 구단의 재정 지원이 미약했다. 이 때문에
박종세 단장은 회의 자리에서 운영 자금 지원이 제대로 이뤄
지지 않으면 야구단 운영은 불가능하다고 직언했고, 이를 박
종세 단장의 고교 후배 박 회장이 흔쾌히 받아들여 1983년 새
로운 전기를 마련할 수 있었다. 재일 교포 출신의 투수 주동식
과 포수 김무종의 스카우트가 가능해진 배경이었다. 박 단장
은 이후 야구 중계 캐스터 시절부터 잘 알았던 김응용 감독과
접촉해 해태의 지휘봉을 맡겼다.[29]

박건배 회장의 재정 지원과 박종세 단장의 신임 감독 선임
효과는 곧바로 나타났다. 해태는 1983년 프로 야구 정상에 올

---

29   방송, 야구 그리고 나의 삶, 242-246.

랐고 호남 야구 팬들은 열광했다. 광주 민주화 운동에 대한 폭력 진압으로 생긴 깊은 상처와 오랜 기간 지속됐던 호남 차별로 시름에 잠겨 있던 호남 사람들에게 해태 타이거즈는 새로운 구심점이었다. 그들에게 프로 야구는 한풀이를 위한 굿판이었고, 해태 타이거즈는 공정한 환경이라면 호남 사람들도 뭔가 해 볼 수 있다는 희망의 상징이었다.

하지만 해태 타이거즈는 광주 민주화 운동이 펼쳐졌던 5월 18일에는 홈구장인 광주에서 경기를 펼칠 수 없었다. 전두환 정권은 물론이고 노태우에 이어 김영삼 대통령 집권 시기에도 이런 전통이 이어졌다. 5월 18일 추모 집회는 물론 광주 무등 경기장에 호남 야구 팬들이 모이는 것조차 허용하지 않던 시대였다. 그래서 해태는 이날에는 무조건 원정 경기를 치러야 했다.

흥미롭게도 1983년부터 1994년까지 5월 18일에 펼쳐진 원정 경기에서 해태는 7승 무패를 기록했다.[30] 워낙 해태가 1983년부터 강팀의 반열에 올라서 그랬을까? 5월 18일은 물론이고 해태 원정 경기에는 적지 않은 관중들이 운집했다. 1983년 해태가 원정 경기를 할 때 '절반은 해태 팬'이라는 얘기까지 나왔다.[31] 특히 잠실구장에서 펼쳐지는 원정 경기에는 유달리 해

---

30   김은식(2009), 해태 타이거즈와 김대중, 서울: 이상미디어, 126-127.

31   경향신문, 1983. 8. 9.

1996년 10월 24일 해태 타이거즈가
여덟 번째 한국 시리즈 우승을 차지하던 날.
ⓒ연합뉴스

태 팬들이 많았다. 1989년 한국갤럽조사연구소의 조사 결과에 따르면, 해태는 MBC 청룡 다음으로 서울 지역 팬이 많았다. 서울 연고 팀 MBC를 응원하는 서울 팬은 23.3퍼센트였으며, 해태를 응원하는 서울 팬은 23.1퍼센트로 그 격차가 거의 없었다.[32] 이런 경향은 해태 타이거즈가 마지막 우승을 차지했던 1997년까지 이어졌다. 해태는 1983년 한국 시리즈부터 1997년 한국 시리즈 1차전까지 잠실구장에서 펼쳐진 경기에서 12승 1무 1패를 기록할 정도로 강했다. 이는 해태의 홈구장인 광주 무등경기장에서 같은 기간에 치렀던 한국 시리즈 경기 승률보다 높은 수치였다. 잠실구장은 1997년 당시 LG와 OB의 홈구장이었지만 해태가 열성적인 팬들의 성원과 압도적인 실력을 과시해 마치 해태의 홈구장처럼 느껴졌다.[33]

서울에서 해태 타이거즈 팬들이 많았던 것은 호남 사람들의 대규모 서울 이주와 관련이 깊었다. 공업화가 되지 않았던 호남 지역에서 일자리를 찾아 서울로 떠나는 이주 현상은 1960년대부터 본격화됐다. 이른바 '전라도 엑소더스(탈출)' 현상이다. 더러는 학업을 위해 전라도를 떠나 서울을 찾는 경우도 있었지만, 대다수의 호남인들은 서울의 공장 지대로 몰려들었다. 삼립 빵, 코카콜라 등 공장들이 몰려 있어 일자리가 많았던

---

32   동아일보, 1989. 7. 5.

33   동아일부 1997. 10. 20.

호남 사람들은 유난히 서울로 이주를 선택하는 경우가 많았다.
구로공단은 그들이 일자리를 찾아 정착한 대표적인 곳이었다.
ⓒ연합뉴스

구로공단은 호남인들이 많이 일했던 대표적인 곳이다. 이 때문에 서울에 거주하는 호남 출신 인구는 1960년 20만 명에 불과했지만, 1990년에는 178만 명으로 늘었다.

영남 출신들의 이주는 인근의 포항, 울산, 구미 등의 공업 단지나 부산, 대구와 같은 대도시로 분산됐지만, 호남 사람들은 집중적으로 서울 이주를 선택했다.[34] 지금도 서울의 인구를 출생지별로 분류하면 호남 인구가 서울에서 출생한 인구를 제외하면 가장 많다.

'이주민의 도시' 서울을 설명하는 데 있어 호남 사람들의 서울 이주는 정치적으로도 중요한 의미를 갖고 있다. 워낙 호남 사람들이 서울에 많다 보니 이들의 표심이 국회 의원 선거를 좌우했다. 1980년대 호남 사람의 비율이 높은 서울의 지역구에서는 여야를 막론하고 호남 표를 얻기 위해 노력해야 했다. 호남 출신이 아닌 국회 의원 후보들도 유세 활동을 하면서 "처가가 호남이다" 또는 "젊었을 때 전라도에서 공직 생활을 했다"는 등의 발언을 하며 자신의 호남 정체성을 강조했다.[35]

1988년 13대 총선에서 나타난 평민당의 황색 돌풍도 서울에서 완성됐다. 정치인 김대중의 후광에 힘입어 호남 지역 의석을 석권했던 평민당은 서울에서 정당 가운데 가장 많은 17석을 얻어 제1야당 자리를 차지할 수 있었다.[36] 이는 서울 지역에 살고 있는 많은 호남 사람들이 평민당에 압도적 지지를 보내 줬기 때문에 가능했던 일이었다. 1987년 대통령 선거에서 김대중 후보가 서울에서 가장 많은 득표를 한 것은 우연이 아

---

34   조선일보, 2013. 11. 1.
35   신동아, 1985년, 6월호, 230-231.
36   동아일보, 1988. 12. 27.

니었다.

평민당에 표를 던졌던 서울 거주 호남인들의 상당수는 해태 타이거즈의 팬이었을 것이다. 이들 가운데는 서울로 이주한 지 상당한 시간이 경과한 사람들도 있었겠지만, 서울 지역 연고 팀을 응원하는 경우는 드물었다. 그런데 이런 현상은 대구나 부산에서 서울로 이주한 야구 팬에게서도 보여졌다. 이들도 대부분 고향 팀인 삼성이나 롯데에 성원을 보냈다. 여기에는 한국만의 뭔가 특별한 정서가 있는 것 같았다. 미국과 일본 프로 야구와 비교해 보면 너무 다른 특징이기 때문이다.

미국 프로 야구 팀은 사실 이주민을 위한 공간이었다. 남북전쟁(1861~1865) 이후 미국의 도시화와 산업화가 빠르게 일어나면서 농촌에서 도시를 향한 인구 대이동이 시작됐다. 제2의 고향에서 보금자리를 꾸리게 된 이주민들에게 야구 팀을 응원하는 것은 "낯선 도시에 살게 된 외로운 사람들을 위한 효과적인 심리 치료법"이었다.[37] LA로 이주한 사람들에게는 다저스가, 뉴욕으로 이주한 사람들에게는 양키스가 주로 이런 역할을 했다. 네브래스카주에서 뉴욕으로 일자리를 찾아 이주한 사람들은 '진짜 뉴요커'가 되기 위해 양키스를 응원했다는 의미다.

---

37   Ted Vincent(1981). *The Rise & Fall of American Sport*, Lincoln: University of Nebraska Press, 63–64.

일본은 프로 야구 팀을 응원하는 데 있어 미국과는 조금 달랐다. 자신이 이주한 도시의 야구 팀을 응원하지 않고, 고향 팀을 응원하는 사람들이 꽤 있었다. 하지만 도쿄나 오사카로 이주한 사람들은 요미우리 자이언츠나 한신 타이거즈를 응원하는 경향이 강했다.

왜 미국과 일본 프로 야구와 한국 프로 야구에서는 이런 차이점이 발생한 걸까? 여러 가지 생각을 해 보긴 했지만, 그럴듯한 답이 떠오르지 않았다. 하지만 아주 우연히 나와 같은 고민을 이미 1980년대에 했던 사람이 있다는 사실을 신문 기사를 뒤적이다가 발견했다. 그의 이름은 소설가 최인호였다. 과거 신문 기사를 보면서 깜짝 놀란 적은 꽤 있었지만, 그의 야구 칼럼을 읽었을 때처럼 놀란 적은 드물었다. 서울고 출신의 최인호 작가는 소문난 야구 팬이다. 그는 여러 매체에 야구 관련 칼럼을 썼다. 하지만 내 생각에 그가 남긴 최고의 야구 칼럼은 1983년 〈동아일보〉에 쓴 글이다. 그는 이 글에서 왜 서울로 이주한 사람들은 서울 팀이 아니라 자신의 고향 팀을 응원하는지 잘 드러내고 있다.

청룡은 명목상 서울을 본거지로 하고 있는 팀이며 그 팀의 주인인 MBC가 밑든 곱든 김재박, 이해창, 이종도, 이광은 등 모든 선수들의 면모는 서울 팀답게 도시적인 민첩함과 깍정이 같은 면모를 갖추고 있다. 그럼에도 불구하고 청룡과 지방의 다른 팀이 서울에서 게임을 하면 관중들의 응원 박수 소리는 청룡 팀에 쏠리기보다 삼성 라이온즈나 해태 타이거즈에 쏠리고 있는 것이다. 어째서 그럴까. 서울특별시 시민임에도 불구하고 그들은 서울에 대한 애정보다는 어릴 때 떠나온 고향에 대한 응원을 본능적으로 쏟아 놓고 있는 것이다.

나는 오래전 미국 뉴욕에서 양키스의 야구 게임을 구경한 적이 있었다. 서울에 살고 있는 사람 중 진짜 서울에서 태어나고 서울에서 조상 대대로 사는 진짜 순서울나기는 열 사람 중 하나 반밖에 되지 않는다는 통계가 나와 있지만 뉴욕에 살고 있는 진짜 뉴요커는 아마도 열 사람 중 한 사람도 되지 않을 것이다. 뉴욕은 전 미국에서 몰려든 잡다한 사람들로 가득 차 있으며 또한 세계 각처에서 몰려온 각양각색의 민족들로 구성된 인종의 용광로 같은 잡종 도시인 것이다. 그럼에도 불구하고 그들은 일사불란하게 뉴욕 양키스를 응원하고 있었다. 그들이라고 떠나온 고향에 대한 애정이 없는 것인가. 그들은 떠나온 고향, 태어난 곳, 부모들의 고향보다는 지금 살고 있는 곳, 살고 있는 실제의 거주지를 고향으로 여기고 그곳을 사랑하려는 공간 개념이 우리와는 근본적으로 달리 존재하고 있는 것이다.

그럼에도 불구하고 어째서 잠실구장에서는 홈 팀을 응원하는 소리보다는 아버지의 고향, 할아버지의 고향, 증조할아버지의 고향을 응원하는 박수 소리가 더 열광적이어야만 하는 것인가. 결국 서울 인구 중의 거의 대부분인 외지에서 들어온 사람들은 몇 년이 넘도록 이곳에 살고 있으면서도 이곳을 고향으로 느끼기보다는 타향으로 객지로 느끼고 있다는 구체적인 증거가 아니겠는가. 각 지방의 정신문화가 서울에 오면 서로 한데 섞이고 엉켜 독특한 도시 문화를 창조해 내지 못하고 어디까지나 목에 걸린 가시처럼 지방 촌락의 샤머니즘, 지방 특유의 사투리 문화로 전락될 수밖에 없는 이유와 뿌리 깊은 반목 편견 파벌 의식이 팽배한 근본 이유는 멀리 찾을 것이 아니라 잠실 야구장에서 벌어지고 있는 프로 야구에서부터 찾는 편이 훨씬 쉬울 것이 아니겠는가.[38]

최인호 작가는 잠실 야구장이 한국인의 지역감정이 그대로 살아 숨 쉬는 곳이라고 생각했다. 나도 그의 의견에 동의한다. 프로 야구 팀 응원 문화라는 관점에서 서울은 그 누구의 고향도 아니었다. 특히 1980~1990년대에는 잠실 구장에서 고향 팀을 응원하는 문화가 강했고 그 중심에는 해태와 서울에 살고 있는 다수의 호남 출신 사람들이 존재했다. 한국 정치사에 큰 영향력을 미쳤던 호남 사람들의 서울 대이동은 해태 타이거즈 신화의 원동력이기도 했다. 어쩌면 해태 팬들에게 잠실 구장은 광주 무등경기장 이상으로 팀 응원가인 '목포의 눈물'

---

38   동아일보, 1983. 8. 19.

을 목놓아 부를 수 있는 최적의 장소였다. 미국과 일본 프로
야구를 대표하는 뉴욕 양키스나 요미우리 자이언츠가 일찍부
터 뉴욕과 도쿄 이주민들까지 팬으로 확보할 수 있었던 것과
호남 사람들의 이주로 발생한 해태의 전국적 팬덤은 분명히
달랐다.

6

한국의 문화 엘리트들은
왜 야구를 사랑했을까?

2006년 영화 잡지 〈씨네 21〉에는 나처럼 스포츠를 좋아하는 사람들이 관심 있게 읽을 법한 기사 하나가 실렸다. 기사 제목은 '야구가 축구보다 영화 친화적인 이유'였다. 이 기사는 한국에서 야구 영화가 축구 영화보다 많은 이유를 프로 야구의 두터운 관객층과 미국 할리우드 영화의 야구 사랑에서 찾았다.[39] 야구가 인기가 높기 때문에 영화로 많이 제작됐고, 아무래도 세계 영화 시장을 장악하고 있는 미국 영화가 야구를 소재로 많은 작품을 만들었기 때문에 한국 영화도 여기에 어느 정도 영향을 받았을 것이라는 분석이었다. 짧은 기사였지만 내게는 새롭게 생각할

---

39   씨네 21, 2006. 8. 2.

거리를 안겨 준 글이었다. 자료를 뒤적이며 생각을 하다 보니 한국에서 야구 영화가 많이 만들어진 것에는 뭔가 특별한 이유가 있어 보였다. 그 특별한 이유로 내가 제일 먼저 떠올린 것은 야구 명문교 출신으로 야구를 좋아했던 감독과 배우였다. 적어도 1970년대 만들어진 야구 영화는 이런 공식이 맞아 떨어졌다.

고교 야구 전성기였던 1970년대 한국 영화계에서는 고교 야구 팀을 소재로 한 야구 영화가 관심을 끌었다. 이는 고교 야구가 단순한 스포츠가 아니라 대중문화로 자리매김했다는 점을 보여 주는 사례였다. 대표적인 영화는 1977년 개봉한 '역전의 명수' 군산상고의 신화적 스토리를 담은 영화 〈고교결전자! 지금부터야〉다. 어렴풋한 기억이지만 나도 이 영화를 TV를 통해 봤다. 야구 경기 자체보다는 어떻게 군산상고가 최고의 팀이 될 수 있었는지에 대한 과정이 영화의 주요 내용이었다. 무엇보다 시내에서 술을 마시다 말썽을 일으킨 선수들에 대해 감독이 "내가 너희들을 잘못 가르쳤으니 나를 배트로 때려라."라고 했던 말이 생각난다. 나중에 알고 보니 당시 이 내용은 꾸며 낸 이야기가 아닌 실제 군산상고에서 있었던 일화였다. 이 영화는 비록 외국 영화에 밀려 8일 만에 종영당하기는 했지만, 고교 야구의 인기에 힘입어 하루 4,000여 명의 관객을 끌어모았던 화제작이었다.[40]

---

40   경향신문, 1979. 6. 30.

아니나 다를까. 이 영화의 감독과 군산상고 감독 역할을 맡았던 주연 배우는 실제 열혈 야구 팬이었다. 정인엽 감독은 부산상업 출신으로 야구장에서 마시는 소주 맛을 늘 그리워했던 야구광이었고, 배우 하명중도 중앙고 출신으로 같은 학교 선배 연예인이었던 최불암, 남궁원과 함께 모교 야구부 후원에 앞장섰던 야구 팬이었다.[41] 1977년에는 당대 최고의 고교 야구 팀이었던 경북고 야구부를 다룬 〈영광의 9회말〉도 개봉했는데, 이 영화의 주인공 신성일은 "영화 다음으로 야구를 사랑한다."는 경북고 동문이었고, 감독 김기덕도 한 야구 동호인 클럽을 이끌었던 야구 애호가였다. 김기덕 감독과 신성일은 한국 야구가 일본을 꺾고 아시아 정상에 섰던 1963년에 한국 최초의 야구 영화인 〈사나이의 눈물〉도 함께 만들었던 인연이 있었다.[42] 이렇게 보면 1960~1970년대에 야구 영화를 만든 사람들은 야구를 잘하는 고교의 동문들이며 야구 팬이었던 셈이다.

프로 야구 시대를 상징했던 야구 영화는 〈이장호의 외인구단〉이었다. 이 영화는 만화가 이현세의 공전의 히트작 〈공포의 외인구단〉을 영화화해 큰 인기를 끌었다. 1986년 개봉한 이 영화는 같은 해 한국 영화로는 최다 관객인 28만 명의 관객

---

41   월간야구, 1974년, 5월호, 34: 조선일보, 1973. 6. 17.
42   인터뷰 365, 2019. 6. 10.

영화 〈이장호의 외인구단〉 포스터.

을 끌어 모았다.[43] 프로 야구 팀 해태 타이거즈의 촬영 협조로 제작됐으며, 야구 해설가 하일성도 출연했던 이 영화는 한국 영화로는 최초의 야구 영화다운 야구 영화로 평가를 받았다. 이 영화를 보러 영화관에 온 관객들은 대부분 30권짜리 원작 만화 〈공포의 외인구단〉을 독파한 만화 마니아들이었으며 프로 야구의 영향을 받은 세대였다. 어쩌면 만화 세대와 프로 야구 세대가 이 영화의 흥행을 이끌었다고 해도 과언이 아니었다.[44] 그러고 보니 실제로 한국 만화는 그 어떤 스포츠보다 야구와 인연이 깊었다. 재일 교포 야구 선수 장훈이 좋아 필명을 장훈으로 바꾼 권기홍 작가의 야구 만화를 필두로 독고탁, 이강토 등이 주인공이었던 야구 만화는 1980년대를 기억하는 프로 야구 세대의 뇌리에 아직도 선명하게 남아 있다.

한국 영화는 물론 대중문화에서 야구가 자주 등장한 핵심적인 요인은 뭐니 뭐니 해도 '프로 야구'였다. 프로 야구가 대중들의 시선을 빼앗았던 1980년대에 학창 시절을 보냈던 사람들은 단순히 프로 야구를 TV나 경기장에서 봤던 세대가 아니었다. 이들은 방과 후에 친구들과 야구를 즐겼던 동네 야구 세대였다. 1980년대를 전두환 정권의 '스포츠 공화국'의 시대로 기억하는 사람들은 주로 86 아시안 게임이나 88 서

43   조선일보, 1989. 3. 31.
44   조선일보, 1986. 8. 10.

울 올림픽을 중심으로 한 엘리트 스포츠의 황금기를 떠올리지만 생활 스포츠 차원에서 정말 중요한 변화는 동네 야구의 전국적 대유행이었다. 이 당시 동네 야구를 하며 프로 야구스타에 열광했던 이들은 2000년대 문화계 각 분야에서 주역으로 등장했다. 그래서 이들이 영화, 드라마, 소설 등에서 유년 시절에 경험한 야구의 추억을 소환한 것은 자연스러운 일이었다.

이들 덕분에 한국에서 야구 영화는 활발하게 제작됐다. 광주 출신의 프로 야구 팬이었던 김현석 감독은 야구를 테마로한 영화를 많이 만든 대표적인 야구 영화 감독이다. 그는 한국 야구의 뿌리라고 할 수 있는 YMCA 야구단을 소재로 한 영화

널 놓치지 않겠어!

SCOUT

스카우트

영화 〈스카우트〉 포스터.

〈YMCA 야구단〉으로 데뷔했고, 이후 선동열을 놓고 대학교 간의 스카우트 경쟁을 광주 민주화 운동과 연결시킨 〈스카우트〉도 감독했다. 〈스카우트〉는 1980년 광주 민주화 운동 때문에 당시 광주일고의 에이스 투수였던 선동열이 청룡기 대회에 참가하지 못했다는 사실을 놓치지 않았던 김현석 감

독의 추억이 밑바탕이 된 작품이다.[45]

야구는 영화에 카메오로 더 자주 등장했다. 부산 출신으로 롯데 광팬인 윤제균 감독이 만든 〈해운대〉에는 사직구장에서 술에 취해 롯데 이대호 선수에게 비아냥댔던 주인공이 등장한다. 봉준호 감독의 〈살인의 추억〉에서도 화성 연쇄 살인범을 잡기 위해 분투하고 있던 경찰들이 자장면으로 끼니를 때우면서 프로 야구를 시청하는 장면이 나온다. IMF 외환 위기 상황을 다룬 〈국가 부도의 날〉에서도 한 자영업자가 곧 닥치게 될 부도 사태를 모른 채 프로 야구 경기에 시선을 고정하고 있었다. 야구 이외에 다른 스포츠가 이런 식으로 한국 영화에 등장했던 경우는 별로 없었다.

드라마에서도 야구는 중요한 테마였다. 야구 드라마로는 최고의 작품이라는 평가를 받는 〈스토브리그〉는 프로 야구단을 운영하는 단장과 프런트들의 애환을 오피스 드라마 형식으로 다뤘다. 이는 흔히 스포츠 드라마는 흥행이 안 된다는 공식을 깰 수 있었던 원동력이었다. 이 드라마의 최종회 시청률은 무려 21퍼센트였다.[46] 레트로 드라마의 새로운 지평을 열었던 드라마 〈응답하라 1994〉에 등장한 전남과 충청도 출신 하숙생의 이름은 각각 해당 지역에 연고를 두고 있던 프로 야구 팀의

---

45 한겨레 21, 2007. 11. 15.
46 한국경제신문, 2020. 2. 15.

이름을 딴 '해태'와 '빙그레'였다. 다른 종목의 프로 스포츠 팀으로 이런 등장인물 작명법을 썼다면 아마 대중들의 공감을 많이 못 받았을 것 같다. 그만큼 프로 야구는 우리의 일상생활에 깊숙이 들어와 있었다.

문학 분야도 예외는 아니다. 2003년에 나온 박민규의 소설 《삼미 슈퍼스타즈의 마지막 팬 클럽》에서는 꼴찌 팀이었던 삼미를 통해 무한 경생 사회의 세태를 비판했다. 그는 이 소설을 통해 사회 낙오자들을 삼미에 비유하며 이들을 응원했다. "1할2푼5리의 승률로, 나는 살아왔다. 아닌 게 아니라 삼미 슈퍼스타들의 야구라고도 나는 말할 수 있다. 함정에 빠져 비교만 않는다면 꽤나 잘 살아온 인생이라도, 생각할 수 있다."[47]

박민규의 소설 《삼미 슈퍼스타즈의 마지막 팬 클럽》은 1980년대 한국 프로 야국의 문제적 구단이었던 삼미 슈퍼스타즈를 전면에 내세워, 그 시절을 기억하는 이들에게 큰 사랑을 받았다.

이처럼 프로 야구 세대는 야구를 경기장에서 끌어내 문화의 영역으로 소환했다. 유년 시절 프

---

47   박민규, 삼미 슈퍼스타즈의 마지막 팬 클럽, 서울: 한겨레출판사, 302.

로 야구에 영향을 받은 문화 엘리트들 덕분에 야구는 한국인의 일상생활에서 가장 중요한 자리를 차지하고 있는 스포츠이자 대중문화였다는 점이 재확인됐다.

야구를 문화의 소재로 활용했던 문화 엘리트들이 정말 동네 야구를 얼마나 즐겼는지, 프로 야구 어린이 회원에 가입했던 경험이 있는지는 잘 모른다. 하지만 적어도 이들의 영화, 드라마, 문학 작품을 보고 읽은 꽤 많은 사람들은 열혈 야구 팬까지는 아니더라도 유년 시절에 야구와 관련된 추억은 있는 것 같다. 이들은 적어도 한 번쯤은 테니스공으로 야구를 했고, 야구 중계의 홍수 속에서 프로 야구 경기도 봤을 것이다. 그런 의미에서 이들이 성장기를 보냈던 1980년대는 확실히 야구의 시대였다.

나도 직접 경험했던 야구의 시대는 동네 야구에서부터 시작됐다. 당시 동네 공터는 물론 아파트 단지 놀이터와 심지어 주차 공간에서도 야구를 하는 꼬마들이 많았다. 이들은 고무공이나 테니스공으로 야구에 입문했다. 특히 테니스공은 꼬마들의 동네 야구에서 중요했다. 기본적으로 테니스공이 덜 위험했기 때문이었다. 더욱이 당시 아파트 단지에는 테니스장이 있는 경우가 많아 가끔 테니스를 치던 어른들이 아이들에게 공을 건네줬다. 초등학교 고학년이 되면 주로 준경식(準硬式) 야구공으로 시합을 했다. 준경식 야구공은 연식공보다는 딱딱하지만 진짜 야구공이라고 할 수 있는 경식보다는 부드러워 동네 야구 경기의 '공인구'였다. 동네 야구에서 흔지 않았던 알루미늄 배트나 포수 미트를 가지고 있는 사람은 늘 우대받았다. 보통 이런 걸 가지고 있는 어린이들은 4번 타자나 투수를 하기 원했다. 실제로 조금 실력이 부족해도 귀한 용품을 가져온 사람에게는 좋은 기회가 일단 주어졌다. 외야 수비를 글러브 없이 맨손으로 할 때도 많았던 시절, 동네 야구의 일상적 풍경이었다.

'동네 야구 선수들'의 입장에서 가장 중요한 사건은 단연 프로 야구 출범이었다. 1982년 프로 야구 개막은 동네 야구 선수를 프로 야구 어린이 회원으로 바꿔 놓았다. 프로 야구의 캐치프레이즈는 '어린이에게 꿈과 희망을, 젊은이에겐 열정을, 온 국민에겐 건전한 여가 선용'이었다. 이 가운데 '어린이에게 꿈과 희망을'이란 부분은 프로 야구 어린이 회원을 통해 구체화됐다. 1982년에 어린이 회원 가입자 숫자는 대략 30만 명이 넘었다. 이들은 회비 5,000원을 내면 각 구단 어린이 회원에 가입할 수 있었다. 1982년 기준으로 어린이 회원이 가장 많았던 구단은 OB베어스(현 두산 베어스)로 그 숫자가 11만 명이었다. 1982년 우승으로 인기가 더 높아졌던 OB 베어스는 1983년 중학생과 고등학생 들도 어린이 회원에 가입할 수 있도록 했다.[48] 프로 야구 원년 최고 스타가 된 박철순의 너클볼은 만화에서나 보던

---

48   동아일보, 1983. 3. 2.

1980년대 초등학생들에게 OB 베어스 어린이 클럽 회원에 가입하는 것은 매우 중요한 일이었다. ⓒ연합뉴스

마구처럼 어린이들에게 인식되면서 동네 야구 경기에서도 OB 베어스 모자를 쓴 선수들을 자주 볼 수 있었다.

어린이 회원에 가입하는 것은 초등학생들에게 중요했다. 부모님을 졸라서라도 자신이 좋아하는 팀의 어린이 회원에 가입해 구단 유니폼과 학용품을 갖고 싶어 했다. 그들에게 야구 패션은 '스쿨 룩'이 되어 버렸다.[49] 모자에서부터 양말까지 프로

---

49   조선일보 1982. 5. 23

야구 구단 기념품으로 단장한 어린이들도 많아졌다. 백화점에 마련된 프로 야구 기념품 코너와 프로 야구 팀 로고가 들어 있는 학용품을 취급하는 문구점은 이 덕분에 특수를 누릴 수 있었다. 학교에 야구 유니폼을 입고 등교하는 건 물론이고 프로 야구 선수들이 광고에 등장하는 과자와 아이스크림을 먹고 프로 야구 팀의 학용품을 쓰며 자라나는 1980년대 어린이들을 '야구 세대'라고 지칭하기 시작했다.[50]

동네 야구를 하던 어린이들은 자주 선수들의 플레이를 흉내 냈다. 1982년 세계야구대회 일본과의 결승전에서 상대 투수가 공을 빼자 높이 뛰어올라 3루쪽 기습 번트를 성공시킨 김재박의 '개구리 번트'도 그중 하나였다. 어린이들에게 그의 번트는 묘기 그 자체였다. 1980년대 베이스볼 키드들은 자연스럽게 야구에 빠져들었다. 이때 프로 야구는 적어도 향후 10년간 야구를 인기 스포츠로 만들어 줄 어린이 팬을 만들었다고 해도 과언이 아니었다. 이들은 프로 야구 시즌이 개막하면 TV로 프로 야구 경기를 보고 가끔은 부모님과 함께 야구장을 찾았다. 따뜻한 봄바람이 불면 배트와 글러브를 들고 밖으로 나가 그들만의 동네 야구 시즌을 시작했다.

프로 야구와 동네 야구에 탐닉한 이들 중 문화 엘리트로 성

---

50   동아일보, 1983. 3. 2.

장한 예술인들은 그들의 작품에 야구를 적재적소에 활용했다. 동시대를 살았던 대중들도 야구가 소재로 등장했던 작품에 공감했다. 2007년 〈조선일보〉는 야구를 소재로 한 문학 작품 관련 기사에서 이런 질문을 던졌다. "2002 월드컵과 붉은 악마 열풍에도 불구하고 한국 소설에서 축구가 야구에 밀리는 까닭은 무엇일까". 이에 대해 한 문학 평론가는 "지금 한국 문학의 주류인 30~40대 작가들이 프로 야구를 보면서 성장기와 청년기를 보낸 세대이기 때문"이라며 "5년 뒤에는 축구를 다룬 소설이 많아질 것"이라고 예측했다.[51] 하지만 아직 축구를 다룬 소설은 물론 영화와 드라마는 야구에 비해서 그 숫자나 문화적 영향력이 적은 편이다.

---

51   조선일보, 2007. 8. 13.

7

프로 야구의
중계권 잭팟과 WBC

한국의 미디어 권력은 오래전부터 야구를 애지중지했다. 앞서 살펴봤듯이, 1970년대 주요 고교 야구 대회를 주최했던 4대 중앙 일간지를 필두로 라디오와 TV 중계 방송사도 야구에 목을 맸다. 프로 스포츠 시대에도 이런 분위기는 계속됐다. 1980년대부터 스포츠 기사를 제일 많이 생산했던 스포츠 신문에 프로 축구는 그렇게 중요한 분야가 아니었다. 한 명의 취재 기자가 프로 축구 구단 몇 팀을 함께 담당했다. 모든 프로 축구 경기를 현장에서 취재하기가 불가능했다. 다양하고 심층적인 프로 축구 기사가 생산되기 힘든 구조였다. 축구 기자에게 중요한 건 오래전부터 국가 대표팀과 관련된 스토리였고, 박지성이 맨체스터 유나이티드에서 활약하게 되는 2000년대 중반부터는 유럽 축구가 됐다. 프로 축구는 기사의 중요성에 있어서 늘 뒤로 밀렸다.

반면 스포츠 신문의 프로 야구 취재 기자는 보통 팀당 2명이었다. 인기 팀의 경우 담당 취재 기자가 3명인 경우도 있었다. 더욱이 프로 야구는 3연전 체제로 리그가 운영되다 보니 취재 기자가 한번 지방 출장을 가게 되면 선수단과 동고동락했다. 자연스럽게 취재 기자들은 감독, 코치, 선수 들과 허심탄회한 얘기를 나눌 수 있었고, 다양한 소재의 기사를 쓸 수 있는 구조였다. 스포츠 신문의 주요 뉴스 자리를 프로 야구가 독차지했던 이유였다.

스포츠 신문 지방판에도 프로 야구 기사가 주로 많이 실렸다. 예를 들어 광주 지방판에는 해태 타이거즈 기사가, 부산 지방판에는 롯데 자이언츠 기사가 중심이 되는 식이었다. 경기가 없는 날에도 스포츠 신문 지방판에는 프로 야구 기사가 1면을 장식했다. 〈일간스포츠〉에서 해태 타이거즈 취재를 했던 신화섭 기자(현 〈스타뉴스〉 부장)는 "얼마나 광주 지방판에 내 기사가 많이 나갔으면 검문을 하던 광주 지역 경찰에게 신분증을 보여 줬더니 내가 〈일간스포츠〉 기자인 줄 알아볼 정도였다."라고 얘기했다.

〈스포츠서울〉 편집국장을 역임했던 위원석 (2023년 현재) 경기도 체육정책 자문관은 "스포츠 신문의 프로 야구 취재 기자는 자신의 연고에 따라 팀을 배정받는 경우도 있었다."라고 얘기해 줬다. 충청도 출신 기자가 빙그레 이글스(현 한화 이글스)를 담당하고, 대구 출신 기자가 삼성 라이온즈를 담당하는 식이다. 아무래도 지역 정서를 잘 알고 있는 기자가 해당 지역 팀 취재를 하는 게 유리할 수밖에 없었다. 이들 기자는 동향의 선수들과도 고교 선후배 관계인 경우가 많아 쉽게 친해질 수 있었다.

이처럼 한국 미디어 시장은 프로 야구에 친화적이었다. 이런 토대 위에서 한국의 미디어는 2000년대 후반에 프로 야구가 산업적으로 성장하는 결정적인 동력을 제공해 줬다. 그 동력은 프로 야구 중계권료였다.

전 세계 프로 스포츠 구단에 제일 중요한 재원은 중계권료다. 실제로 최근 20년간 프로 스포츠 리그의 성공에는 모두 미디어 혁명을 통한 중계권료 상승이 존재하고 있다. 잉글랜드 프리미어 리그(EPL)가 세계 최고의 선수들과 감독들의 놀이터가 된 이유도 중계권료 때문이다. 유럽과 미국의 명문 프로 스포츠 팀의 수입도 대부분 중계권료에서 나온다. 입장 수입이 차지하는 비중은 그리 높지 않다. 독일 프로 축구 분데스리가는 평균 관중 숫자에서 EPL을 앞서고 있다. 하지만 전체 수입은 EPL이 훨씬 높은 이유도 여기에 있다. 그런 의미에서 미디어는 프로 스포츠의 성공과 실패를 결정하는 일종의 권력이자 최고의 비즈니스 파트너다.

프로 야구는 한국 프로 스포츠 가운데 중계권료 상승이라는 측면에서 가장 성공적인 리그다. 1982년 3억 원에서 출발한 프로 야구 중계권료는 2023년 현재 연간 760억 원으로 올랐다. TV 방송사가 지불하는 중계권료는 1년에 540억 원이며, 통신사와 인터넷 포털이 내는 유무선 중계권료는 한 시즌에 220억 원이다. 프로 축구, 프로 농구, 프로 배구의 한 시즌 중계권료를 모두 합쳐도 프로 야구 유무선 중계권료에도 미치지 못한다.[52] 이 같은 프로 야구와 다른 프로 스포츠의 중계권료 격차는 더 벌어질 가능성이 크다. 2024년~2026년까지 3년간 1,200억 원 정도를 제시한 온라인 동영상 서비스(OTT)업체 티빙이 최근 프로 야구 유무선 중계권 우선 협상 대상자로 선정됐기 때문이다.[53] 티빙이 중계권을 확보하게 되면 프로 야구는 유무선 중계권으로 한 시즌에 400억 원을 챙길 수 있게 된다. 여기에 기존 TV 방송국의 프로 야구 중계권료도 오를 전망이라 2024년에는 프로 야구가 1년에 1,000억 원 이상의 중계권료를 챙길 것으로 보고 있다.

중계권료 대박을 치고 있는 한국 프로 야구의 핵심 동력은 도대체 무엇일까? 프로 야구는 국내 프로 스포츠 중에서는 시청자들이 가장 선호하는 콘텐츠이기 때문이다. 물론 단일 종목으로 놓고 보면 축구가 현재 한국 최고의 스포츠다. 하지만 여기에는 함정이 있다. TV나 인터넷으로 축구를 보는 사람들

---

52   중앙일보, 2021. 6. 18.
53   조선일보, 2024. 1. 10.

이 좋아하는 경기는 한국 국가 대표팀이나 EPL을 필두로 한 해외 프로 축구 경기다. 상대적으로 한국 프로 축구(K리그)는 아직 시청자 숫자가 많지 않다.

프로 야구는 사실 오래전부터 TV 방송사의 핵심 스포츠 프로그램이었다. 국내 스포츠로 프로 야구 이상의 시청률을 기록할 만한 스포츠 중계는 없었다. 상황이 이렇다 보니 프로 야구 중계권료는 상승 일변도였다.

프로 야구 역사상 단 한 번 중계권료가 떨어진 적이 있었다. 2004년 프로 야구 관중이 역대 최저인 233만 명까지 추락하자 이듬해 프로 야구 중계권료는 기존의 90억 원(1년)에서 79억 원으로 줄어들었다.[54] 2004년에 프로 야구 관중이 급감하고 이듬해 중계권료가 떨어진 데에는 확실한 이유가 있었다. 병역 비리 때문이었다. 50여 명의 프로 야구 선수들이 연루됐던 이 사건은 충격 그 자체였다. 몇몇 프로 야구 선수들의 병역 비리가 문제가 된 적은 있었지만, 이와 같이 대규모의 선수들이 연루된 사건은 처음이었다.[55] 1990년대 후반 박찬호의 메이저 리그 진출과 2002 한일 월드컵 분위기 때문에 생겨난 축구 열기로 그로기 상태였던 프로 야구 인기 가도에 병역 비리는 'KO 펀치'나 다름없었다. 프로 야구의 위기 극복은 쉽지

---

54   일간스포츠, 2018. 1. 15.
55   동아일보, 2004. 9. 10.

않아 보였다.

이 순간 한국 프로 야구의 운명을 바꿀 구세주가 등장했다. 월드 베이스볼 클래식(WBC)이었다. '야구 월드컵'을 표방한 이 대회는 일본이 기획하고 MLB가 수용해 만들어졌다. 일본이 WBC를 기획한 이유는 2000년대 초반 일본 프로 야구가 위기를 맞고 있었기 때문이었다. 일본 프로 야구는 2000년대 초반에 인기가 급락했다. 이로 인한 경영 악화로 일본 프로 야구 팀 긴테쓰 버팔로즈는 구단 운영을 포기했다. 일본 미디어들은 일본 프로 야구를 대표하는 스타 스즈키 이치로와 마쓰이 히데키가 메이저 리그로 진출하면서 일본 프로 야구의 위기가 심화됐다고 분석했다.

이런 위기 상황에 대해 가장 날카롭게 반응했던 일본 최고의 명문 프로 야구 구단은 요미우리였다. 요미우리의 구단주 와타나베 쓰네오는 이치로가 시애틀 매리너스에 입단하자 메이저리그를 흑선(黑船, 구로후네)을 이끌고 무력을 앞세워 1854년 일본을 개항시켰던 페리 제독에 비유하기까지 했다.[56] 와타나베 구단주는 소속 팀의 스타 마쓰이 히데키를 메이저 리그에 내주지 않기 위해 그에게 엄청난 연봉을 제시했다. 하지만 마쓰이도 결국 뉴욕 양키스 유니폼을 입었다. 마

---

56   프레시안 2003. 9. 30.

쓰이는 메이저 리그에 진출하면 일본에서보다 연봉을 더 많이 받을 수 있을 것이라는 확신을 가지고 있었지만, 그 이상으로 세계 최고의 야구 무대에 진출해 도전하고 싶어 했다. 그가 떠나자 요미우리 자이언츠의 TV 중계 시청률은 역대 최악의 수준으로 떨어졌다. 1990년 중계권료 수입으로만 35억 엔을 기록했던 요미우리의 비즈니스 모델은 심하게 흔들렸다.[57] 특단의 조치가 필요했던 요미우리가 WBC 대회 창설에 전력을 다했던 이유다.

일본 야구는 2006년 1회 WBC 대회에서 우승을 차지해 새로운 전기를 마련했다. 일본에서 한국과의 준결승전 시청률은 36.3퍼센트를 기록했고, 쿠바와의 결승전의 시청률은 무려 43.4퍼센트까지 치솟았다. 대회가 끝난 뒤 일본 야구 대표팀의 스폰서가 되겠다는 기업도 많이 나타났다.[58] 이 대회를 계기로 일본 프로 야구는 되살아났다. 요미우리나 한신 같은 팀이 있는 센트럴 리그에 비해, 전통적으로 인기도가 떨어졌던 퍼시픽 리그 팀들도 지역 사회를 기반으로 하는 마케팅을 본격적으로 전개해 새바람을 일으키기 시작했다.

제1회 WBC 대회는 일본 이상으로 한국에 중요했다. 한국

---

57   나카야마 아쓰오 지음, 김지영·김유선·심지애 번역(2023), 모든 또는 것의 비밀: 엔터테인먼트의 탄생과 진화, 서울: 사회평론, 339.

58   平方 彰(2014), 「野球」が「べ"[スボ"[ル」になった日, 東京: 日之出出版.

프로 야구는 WBC 대회를 통해 변신했다. 한국은 4강에 진출했고 야구에 크게 관심이 없던 국민들도 WBC 대회의 한국 경기에 열광했다. 국민들이 큰 관심을 보인 경기는 역시 야구 한일전이었다. 특히 당시 한국인들은 일본의 간판 타자인 이치로에 강한 적개심을 보였고, 이게 한국 대표팀 경기를 봐야 하는 중요한 이유가 됐다. 이치로는 2006년 WBC 대회를 앞두고 이른바 '30년 발언'을 했다. 향후 30년동안 한국과 타이완이 일본을 이길 생각을 못하도록 만들어 놓겠다는 발언이었다. 이치로는 이 발언이 일본 야구 대표팀 선수단의 단결을 꾀하기 위한 것이었다고 했지만, 한국인들은 이치로의 발언을 일종의 도발로 인식했고 한일전 승리를 애타게 기원했다.

아시아 라운드에서 이승엽의 극적인 홈런으로 일본을 제압했던 한국은 미국에서 펼쳐진 본선 라운드에서 다시 한 번 일본을 꺾었다. 국내 미디어들은 한국이 승리를 거두자 '오늘은 한국 야구의 독립기념일'이라는 헤드라인을 내놓았다. 물론 이전에도 한국 야구가 일본을 제압한 적은 있었다. 하지만 WBC처럼 일본을 대표하는 프로 야구 선수들이 대거 참가한 대회에서 한국이 일본을 꺾은 것은 최초의 일이었다. 한국인들은 경기가 끝나고 더그아웃에서 화가 나 소리를 질렀던 이치로를 보며 통쾌한 감정을 느꼈다. 이치로에게 한일전 패배는 치욕이었다. 매일 아침 같은 음식을 먹고 경기 시작 5시간 전에 경기장에 들어가 똑같은 방식으로 스트레칭을 하며 타격

2006년 WBC 일본전에서 2-1로 승리하자 환호하는 야구 대표팀.
ⓒGettyimages

준비 자세도 늘 똑같이 유지했던 '타격 장인(匠人)' 이치로의 루틴도 이 패배로 깨졌다. 일본 언론에 따르면 한일전에서 패배한 날 이치로는 양치질도 하지 않은 채 술에 취해 침대에 쓰러졌다.[59]

이치로가 "내 인생에 가장 굴욕적인 날"이라고 했던 한일전 경기 일은 한국 야구의 르네상스가 시작된 날이었다. 야구 팬들은 한국 야구를 이때부터 다시 보기 시작했다. 한국 프로 야구 무대에서 뛰고 있는 선수들이 세계 무대에서 통할 수 있다는 생각을 했다. 한국 야구가 '명품 야구'였다는 얘기도 회자됐다.

이후 한국 야구는 2008년 베이징 올림픽 금메달과 2009년 WBC 대회 준우승을 기록하며 상종가를 기록했다. 덩달아 한국 프로 야구 관중도 몰라보게 늘어났다. 2004년 233만 명에 불과했던 시즌 총관중 수는 2009년 600만 명에 육박했다. WBC나 올림픽에서 활약한 야구 선수는 국내 프로 야구에서 활약하는 선수가 다수였다. 한국이 국제 무대에서 거둔 좋은 성적은 그대로 국내 프로 야구에 대한 관심으로 이어질 수 있는 구조였다. 아무리 축구 국가 대표팀의 인기가 높다고 하더라도 국가 대표팀의 핵심 멤버는 유럽에서 뛰고 있는 선수들이 많아 프로 축구의 관중 증대로 이어지기 힘든 것과는 확연

---

59   프레시안. 2006. 3. 22.

하게 다른 부분이었다.

관중 증가보다 중요한 변화는 미디어에서 나타났다. 2006년 WBC 대회 4강을 계기로 프로 야구 중계권료는 상승했다. 2008년 프로 야구는 중계권료는 사상 최초로 100억 원을 돌파했다. 더 중요한 부분은 2008년부터 프로 야구 전 경기가 모두 TV로 중계되기 시작했다는 점이다. 이전까지 방송사들은 인기 있는 구단의 경기를 똑같이 중계하는 경우가 많았다. 그러다 보니 같은 날 펼쳐지는 프로 야구 4경기가 모두 중계되는 경우는 드물었다.

프로 야구 전 경기 중계 체제는 야구 중계의 퀄리티 상승으로 이어졌다. 서로 다른 4경기를 중계하며 치열하게 경쟁하는 프로 야구 중계 방송사들은 색다른 장면을 포착하기 위해 노력했다. 특히 경기장을 찾은 관중들에게 큰 관심을 보였다. TV 카메라는 단체로 노래를 부르며 특정 팀을 응원하거나 특정 선수 유니폼을 입고 있는 팬들은 물론 팬들의 스케치북에 쓰여 있는 선수와 관련된 재미있는 문구도 그 어느 때보다 자주 클로즈업했다. 프로 야구 중계에 선수와 감독 이상으로 팬들의 일거수 일투족이 중요한 소재로 등장하면서 야구는 대중들과 더욱 가까워졌고 프로 야구 특유의 응원 문화에 매료돼 경기장을 찾는 팬들도 늘어났다. 이제 프로 야구 중계는 그들 (선수)의 이야기뿐만 아니라 우리들(팬)의 이야기를 담아 내고 있었다. 생중계가 끝나면 곧바로 프로 야구 관련 하이라이트 방송이 이어졌다. 경기에 대한 새로운 시각의 분석과 선수들의 인터뷰가 끊임없이 이어졌으며 '야구 여신'이라고 불렸던 야구 하이라이트 프로그램의 여자 진행자는 연예인 같은 대접을 받기 시작했다.

2008년 시작된 프로 야구 전 경기 중계는 인터넷과 모바일 등을 포함한 유무선 중계권에도 큰 변화를 가져왔다. 프로 야구 중계를 했던 포털 사이트는 전 경기 중계를 하면서 더 큰 광고 수입을 창출할 수 있었다. 다양한 경기의 하이라이트 화면을 확보할 수 있었던 것도 상업적인 측면에서 큰 이득이었다. 이로 인해 유무선 중계권료도 올라갔다. 이 모든 변화의 시작점은 2006년 WBC였다. 일본 프로 야구가 전환점을 모색하기 위해 만든 WBC는 한국 프로 야구에게 최고의 선물이 됐다. WBC를 통해 생겨난 한국 야구 대표팀을 응원하는 국민적 열기는 병역 비리 사건의 상처로 활로를 찾지 못했던 프로 야구에 가장 효과적인 치료제였다.

에필로그

이 책을 쓰면서 난 이런 상상을 해 본 적이 있다. '만약 미국에서 만든 스포츠가 축구였고, 일본에서 오래전부터 축구가 최고 인기 스포츠였다면 한국의 스포츠 지형도는 어떻게 달라졌을까?' 내 생각에 이런 상황이었다면 한국은 '야구의 나라'가 되지 못했을 것 같다.

하지만 우리가 살아 왔던 지난 100년은 이와는 전혀 달랐다. 야구는 미국의 국기였고 일본에서 가장 중요한 위치를 차지하는 스포츠였다. 한국은 거의 모든 면에서 미국과 일본에 크게 영향을 받은 국가다. 야구도 예외는 아니었다. 일제 강점기에 일본은 향후 한국을 이끌어 갈 인재들이 탄생하게 되는 고등보통학교와 상업학교에서 야구를 뿌리내렸다. 이 순간 한국 명문고의 스포츠는 야구가 됐다. 또한 명문고가 대거 참여하는 야구 대회는 미군정의 지원 덕분에 확립됐다. 만약 미국의 국기가 축구였다면 미군정 시기에 야구 대회보다 축구 대회가 훨씬 더 중요했을지도 모른다.

이때부터 한국 야구와 엘리트들의 끈끈한 인연은 명문고를 중심으로 발전했다. 《야구의 나라》를 관통하는 키워드인 '학연'은 한국 주류 사회가 야구를 사랑하게 된 출발점이었다. '학연'을 바탕으로 한 엘리트들의 '야구 동맹'은 해방 직후 청룡기 야구대회가 만들어지는 데 결정적 공헌을 했으며, 은행단 야구 팀의 창단과 프로 야구 출범에도 산파 역할을 했다. 1970년대 고교 야구의 전성기가 찾아온 이유도 학연이었다. 명문고 동문들이 후원했던 고교 야구는 곧 학교 담장을 넘어 지역 간의 경쟁으로 발전했고, 그 체제를 프로 야구가 그대로 이어받아 한국 최고의 프로 스포츠로 발돋움할 수 있었다.

고교 야구 대회는 당대 최고의 미디어 권력이었던 4대 중앙 일간지가 앞다퉈 주최하며 대중들과 더욱 가까워졌고, 이후 라디오와 TV 방송사 들도 야구 중계에 매달렸다. 미디어의 야구 사랑은 광고와 홍보를 해야 하는 기업이 왜 프로 야구 팀을 만들어야 하는지에 대한 필요성도 제공해 줬다.

이런 야구와 엘리트 그룹의 강한 결속력 속에서 한국 야구는 1970~1980년대에 지역주의 정치의 상징이 될 수 있었으며, 대중문화로도 자리 잡았다. 이 와중에 프로 야구 경기장은 득징 징지인을 시시하는 사람들도 사뭇 산 봉산이 됐고, 어떤 시절부터 야구에 빠져든 문화 엘리트들은 그 어떤 스포츠 종목보다 야구를 그들의 작품에 자주 등장시켰다.

한국 야구는 역사적으로도 운이 좋은 스포츠였다. 재일 교포 사회에서 조총련이 창설됐을 때 한국 야구는 재일 교포 선수들과 교류를 시작했고, 이 교류를 통해 한국으로 건너온 재일 교포 선수들은 1963년 한국 야구가 일본을 꺾고 아시아 정상에 오르는 데 견인차 역할을 했다. 공교롭게도 같은 해 대통령 선거를 앞두고 친일 문제로 곤욕을 치렀던 박정희 정권은 이 승리로 대중들의 시선을 잠시나마 야구로 돌려 놓을 수 있었고, 이후 동대문야구장에 야간 조명탑이 설치됐다.

더 큰 행운은 1982년과 2006년에 찾아 왔다. 1982년에 한국은 세계야구대회에서 일본을 꺾고 우승을 차지하며 같은 해 출범한 프로 야구 흥행에 청신호를 울렸다. 병역 비리 파동으로 인기가 급전직하했던 프로 야구는 2006년 월드베이스볼클래식(WBC)에서 4강에 올라 위기를 벗어날 수 있었다. 프로 야구가 '국민 스포츠'라는 말을 듣게 된 것도 이때였다.

하지만 누군가 내게 '미래에도 한국은 야구의 나라일까요?'라고 묻는다면 선뜻 답을 내놓기는 어려울 것 같다. 물론 현재 각 분야에서 여전히 한국을 지배하고 있는 주류 계층은 고교 야구에 대한 추억이 있거나 동네 야구를 경험한 세대다. 하지만 10년 뒤부터는 이 세대가 현역에서 물러난다. 아마 그때쯤이면 한국 사회의 주류는 '월드컵 세대'가 차지할 것이다.

2002 한일 월드컵의 벅차오르는 감동을 간직하고 있는 이들은 야구보다 축구에 훨씬 더 관심이 높다. 이 세대에서는 야구 명문교의 사회적 영향력도 현저히 줄어들었다. 그래서 '야구의 나라'의 운명은 조만간 '월드컵 세대'가 좌지우지할 가능성이 크다.

박지성을 '해외 축구 아버지(해버지)'로 떠받들고 손흥민에 열광하는 이들은 야구를 직접 해 본 경험이 거의 없다. 그런 점에서 한국 야구의 미래 100년은 저변 확대에 달렸다고 해도 과언이 아니다. 야구 저변 확대에서 중요한 건 어쩌면 유망 선수 발굴 이상으로 야구를 몸소 즐기는 어린이 팬을 만드는 일일지도 모른다.

틈새책방의 책들

★ 국기에 그려진 세계사
김유석 지음 | 김혜련 그림 | 2017 | 22,000원
방대한 역사적 사실 앞에 늘 주눅이 들 수밖에 없는 세계사. 한 국가의 정체성을 압축해 놓은 국기라는 상징을 통해 각 나라의 역사를 살펴본다. 세계사를 본격적으로 알아가기에 앞서 뼈대를 세우는 입문서로 제격이다.

★ 국가로 듣는 세계사
알렉스 마셜 지음 | 박미준 옮김 | 2021 | 22,000원
영국인 저널리스트가 쓴 국가(國歌) 여행기다. 전쟁의 상흔이 가시지 않은 코소보부터, 국가의 대명사 '라 마르세예즈'의 나라 프랑스, 위기의 순간 만들어진 미국의 '성조기', 우리가 몰랐던 국가 논쟁을 겪은 일본, 독재자가 만든 노래를 부르는 카자흐스탄 등 국가와 관련된 흥미로운 이야기가 숨 쉴 틈 없이 펼쳐진다. 저자의 영국식 유머는 다소 무거운 주제인 국가 이야기를 유쾌한 여행기로 엮어 독자들이 책을 끝까지 잡게 만든다.

★ 지혜가 열리는 한국사
옥재원 지음 | 박태연 그림 | 2018 | 18,000원
국립중앙박물관, 국립고궁박물관에서 초등학생들에게 한국사를 가르친 저자의 노하우를 담았다. 어린이용과 어른용, 두 권의 책으로 구성되어 있는 이 책은 어린이와 어른이 따로 읽고, 함께 대화를 나누는 콘셉트를 갖고 있다. 한국사를 잘 모르는 어른들도 충분히 아이들과 역사를 소재로 대화할 수 있도록 만들었다.

★ 루시의 발자국
후안 호세 미야스 · 후안 루이스 아르수아가 지음 | 남진희 옮김 | 2021 | 16,000원
인간과 진화를 주제로 이야기한 책이다. 2020년 스페인에서 논픽션 분야 베스트셀러에 오른 이 책은 고생물학자가 이야기하는 인류의 생물학적 토대, 인류 전체의 사회사를 소설처럼 풀어낸 세련된 교양서다.

★ 소더비가 사랑한 책들
김유석 지음 | 2023 | 21,000원
세계 최고의 책과 고문서를 경매하는 회사 소더비를 흥분시킨 11편의 책과 고문서 이야기를 담았다. 황제 나폴레옹의 사라진 서재, 《신곡》을 둘러싼 영국과 독일의 문화 전쟁, 《이상한 나라의 앨리스》에 숨겨진 비밀, 마지막 연금술사 뉴턴의 비밀 노트, 세계에서 가장 비싼 종이가 된 미국의 〈헌법〉, 영국의 문화유산 〈마그나카르타〉가 미국의 보물이 된 사연, 마오쩌둥이 영국 노동당 당수에게 보낸 편지의 수수께끼 등이 그것이다. 인류가 만들어 낸 기록 문화가 어떻게 세상과 연결되는지, 그리고 그 과정에서 놀라운 가치가 어찌 부여되는지 보여 준다.

★ 당신은 지루함이 필요하다
마크 A. 호킨스 지음 | 서지민 옮김 | 박찬국 해제 | 2018 | 12,800원
눈코 뜰 새 이 바쁜 삶을 살아가는 당신에게 '지루함'이 왜 필요한지 설파하는 실용 철학서. 지루함이 삶을 돌이켜 보고 그 전과는 다른 창조적인 삶을 살 수 있는 기회를 제공한다고 주장한다.

★ 만년필 탐심
박종진 지음 | 2018 | 15,000원
펜을 사랑하는 이들에게 만년필은 욕망의 대상이자 연구의 대상이다. 이 책은 어느 만년필 연구가의 '貪心'과 '探心'을 솔직하게 드러낸 글이다. 40년의 세월 동안 틈만 나면 만년필을 찾아 벼룩시장을 헤매거나, 취향에 맞는 잉크를 위해 직접 제조하는 수고를 마다지 않으며, 골방에서 하루 종일 만년필을 써 보고 분해한 경험을 담담히 써 내려간 만년필 여행기다.

★ 라디오 탐심
김형호 지음 | 2021 | 16,500원
라디오라는 물건을 통해, 지난 100년간 인류가 거쳐 온 세월의 흔적을 읽는 책이다. 라디오라는 물건이 탄생

과 성장, 전성기와 쇠퇴기를 거치는 동안 인간, 그리고 사회와 어떤 상호 작용을 하고 무슨 유산을 남겼는지에 대해 이야기한다. 그렇게 해서 모은 게 27가지의 에피소드다.

★ 지극히 사적인 이탈리아 (《이탈리아의 사생활》 개정증보판)
알베르토 몬디·이윤주 지음 | 2023 | 18,000원
한국인이 가장 사랑하는 이탈리아인 중 한 명인 방송인 알베르토 몬디가 전하는 이탈리아 안내서. 커피, 음식, 연애, 종교, 언어와 문학, 마피아, 휴가, 밤 문화, 교육, 축구와 F1, 문화유산 등의 키워드로 이탈리아의 문화와 사회를 소개한다.

★ 지극히 사적인 프랑스 (개정증보판)
오헬리엉 루베르·윤여진 지음 | 2023 | 18,000원
부모가 가난해도 괜찮은 교육을 받을 수 있고, 어디에 가든 생산적인 정치적인 논쟁이 있으며, 이민자를 열린 마음으로 받아들이는 나라는 없다. 여전히 당신이 프랑스를 이렇게 떠올린다면, 그건 수십 년 전 이야기다. 현재 한국방송통신대학교 교수로 재직 중인 오헬리엉 루베르는 우리가 알고 있던 프랑스와 요즘 프랑스를 비교할 수 있도록 쉽고도 자세하게 설명한다.

★ 지극히 사적인 네팔
수잔 샤키야·홍성광 지음 | 2022 | 16,300원
JTBC '비정상회담'에 출연했던 수잔 샤키야가 전하는 네팔 이야기다. 우리에게는 기껏해야 '히말라야', '카스트 제도', '쿠마리' 등으로 알려진 작은 나라 네팔이지만, 실상 알고 보면 더불어 사는 비결을 알려 주는 나라다. '섞이지 않지만 밀어내지도 않는 사람들'이라는 부제를 단 이 책은 126개 민족이 갈등 없이 평화롭게 사는 비결을 담담하게 서술한다.

★ 지극히 사적인 러시아
벨랴코프 일리야 지음 | 2022 | 16,800원
냉전 시대를 경험한 세대에게는 '빨갱이의 나라', 인터넷 밈을 통해 이 나라를 알게 된 요즘 세대들에게는 '웃기고 괴이한 나라', 푸틴의 우크라이나 침공을 목도한 후에는 '악마의 나라'. 우리에게 러시아는 부정적 이미지로 점철된 나라다. 하지만 러시아는 19세기 말부터 한반도와 연을 맺기 시작했고, 이후 역사의 변곡점마다 이 땅에 존재감을 보인 나라다. 눈을 감는다고 해서 외면될 수 있는 나라가 아니다. 일리야가 들려주는 '지극히 사적인 러시아'에 귀를 기울여야 하는 이유다.

경영 및 경제

★ 본질의 발견
최장순 지음 | 2017 | 15,000원
업(業)의 방향성을 고민하는 이들을 위한 안내서. 삼성전자, 현대자동차, 이마트, 인천공항, GUCCI 등 국내외 유수 기업의 브랜드 전략, 네이밍, 디자인, 스토리, 인테리어, 마케팅 업무를 진행해 온 '브랜드 철학자' 최장순이 차별화된 컨셉션 방법론을 제시한다.

★ 의미의 발견
최장순 지음 | 2020 | 15,000원
위기의 시대에도 승승장구하는 브랜드들이 있다. 이들은 공통적으로 물건이 아니라 '의미'를 판다. 크리에이티브 디렉터 최장순이 제품과 서비스에서 어떻게 남다른 의미를 발견하고 소비자들에게 신앙과도 같은 브랜드가 되어갈 수 있을지 그 비밀을 파헤쳤다.

★ 밥벌이의 미래
이진오 지음 | 2018 | 15,000원
'4차 산업혁명'으로 우리 삶과 일자리가 어떻게 변화할지를 예측한 미래서. 망상에 가까운 낙관주의도, 쓸데없는 '기술 포비아'도 이 책에는 없다. 딱 반걸음만 앞서 나가 치밀하게 미래를 그린다.

★ 토마토 밭에서 꿈을 짓다
원승현 지음 | 2019 | 14,000원

이 시대의 농부는 투명인간이다. 멀쩡히 존재하지만 모두가 보이지 않는 것처럼 대한다. 우리 시대가 농업을 대하는 태도를 방증하는 일면이다. 《토마토 밭에서 꿈을 짓다》는 이에 반기를 든다. 새로운 산업의 상징인 디자이너에서 1차 산업의 파수꾼으로 변모한 저자는 자신의 토마토 농장의 사례를 통해 우리 농업의 놀라운 가능성과 존재감을 보여 준다.

★ 레드의 법칙
윤형준 지음 | 2021 | 14,000원

경영에 있어서 인문학이 왜 중요한지, 구체적으로 어떻게 활용할 수 있는지를 취재한 책이다. 그 바탕은 세계적인 경영 컨설턴트 회사인 레드 어소시에이츠(ReD Associates)의 CEO 미켈 라스무센과의 인터뷰다. 책은 레드 어소시에이츠가 철학의 한 분과인 현상학을 기본으로 고객을 분석하여 창의적인 솔루션을 제공하는 과정을 밝혀낸다. 레고를 비롯하여 삼성전자, 아디다스 같은 글로벌 대기업들, 산타마리아노벨라, 조셉 조셉, 펭귄 출판사, 프라이탁, 볼보, 이솝, 시스코 등 세계적인 기업 CEO의 인터뷰가 등장한다.

예술

★ 이럴 때, 연극
최여정 지음 | 2019 | 25,000원

연극 앞에 한없이 작아지는 당신을 위한 단 한 권의 책. 수천 년을 이어 온 연극의 매력을 알아가는 여정의 길잡이이다. 12가지의 상황과 감정 상태에 따라 볼 만한 연극을 소개한다. '2019 우수출판콘텐츠 제작지원사업 선정작'이다.

★ 당신의 세계는 안녕한가요
류과·로사·소피·왈라비·또아 지음 | 2023 | 16,000원

가위로 싹둑 자르고만 싶은 헝클어진 인생, 영화가 유일한 볕이었다고 고백하는 인기 팟캐스트 〈퇴근길 씨네마〉. 다섯 명 멤버들의 삶에 스며들어 버팀목이 되어 준 '인생 영화'를 말하며, 그 누구에게도 말하지 못한 속 깊은 이야기를 건넨다. 어쩌면 마지막 책장을 넘기면 이들보다 독자 자신이 영화보다 더 영화 같은 삶을 살고 있다고 느낄지도 모르겠다.

에세이

★ 널 보러 왔어
알베르토 몬디·이세아 지음 | 2019 | 15,000원

방송인 알베르토 몬디의 인생 여행 에세이. 이탈리아 베네치아를 떠나 중국 다롄에서 1년을 공부한 다음, 인생의 짝을 만나 한국에 정착하기까지의 이야기를 담았다. 백전백패 취업 준비생, 계약직 사원, 주류 및 자동차 영업 사원을 거쳐 방송인이 되기까지의 여정이 그려져 있다. 자신의 정체성을 잃지 않으려 노력하며, 남들이 뒤로 물러설 때 끊임없이 도전적인 선택을 하는 모습이 인상적이다. 책의 인세는 사회복지법인 '안나의집'에 전액 기부된다.

★ 사랑이라고 쓰고 나니 다음엔 아무것도 못 쓰겠다
최여정 지음 | 2023 | 15,000원

연극 관람 초보자를 위한 안내서 《이럴 때, 연극》으로 우리 삶의 대표적인 상황에 맞는 연극 처방전을 제시했던 최여정 작가가 이번에는 자신의 경험을 담은 사랑 에세이로 독자를 만난다. 연극에 진심인 저자는 사랑에 대해 쓰면서도 연극을 놓치지 않는다. 이별로 고통스러웠던 시간 동안 연극에서 찾고 깨달은 사랑에 관한 이야기를 모았다. 사랑으로 길을 잃고 방황하던 저자를 치유한 아홉 편의 연극이 독자들에게도 다정한 위로를 건넨다.